U0138229

新编儒林典要

盱坛直诠

[明] 罗汝芳　撰

[明] 曹胤儒　编

林志鹏　导读　整理

图书在版编目(CIP)数据

盱坛直诠／(明)罗汝芳撰；(明)曹胤儒编；林
志鹏导读、整理. —上海：上海古籍出版社，2023.9
(新编儒林典要)
ISBN 978-7-5732-0854-5

Ⅰ.①盱…　Ⅱ.①罗…　②曹…　③林…　Ⅲ.①罗近溪
(1515—1588)-语录　Ⅳ.①B248

中国国家版本馆 CIP 数据核字(2023)第 168306 号

新编儒林典要

盱坛直诠

[明]罗汝芳　撰　[明]曹胤儒　编
林志鹏　导读、整理

上海古籍出版社出版发行
(上海市闵行区号景路 159 弄 1-5 号 A 座 5F　邮政编码 201101)
(1) 网址：www.guji.com.cn
(2) E-mail：guji1@guji.com.cn
(3) 易文网网址：www.ewen.co

印刷　苏州市越洋印刷有限公司
开本　890×1240　1/32
印张　9　插页5　字数 133,000
印数　1—2,100
版次　2023 年 9 月第 1 版
　　　2023 年 9 月第 1 次印刷
ISBN 978-7-5732-0854-5/B·1340
定价：58.00 元

目 录

丛书序：以工夫的眼光重看经典

时至今日，伴随外部环境的大动荡，时代精神正发生转折；风气的变化随处可见，比如电影和文学，从现实主义占主流到科幻、奇幻、仙幻之类持续风行。"由实转虚"所表征的其实是由外转内，不满足于物质的平面的生活，转而寻求立体的生命体验，寻求超越的精神之路。"举头望明月，低头思故乡"，我们周围弥漫的复古风，来自对古人生活的好奇和向往，更根本的原因则是对于曾经的立体丰富的生命生活的追怀。它在每个人内心涌动，起初并不自觉，更进一步，就有了追究生命精神来源的需求，这是我们今天重读经典的根本动力。

一、经典的本义

文化的核心是经典，因为经典蕴含着文化的根本精神和核心内容。此当无疑义。但什么是根本，什么是核心，每个人的认识可能不同，因此，各个时代对经典的认识（也就是那个时代的主流认知）也可能不同，有时候还会差异很大。在此意义上说，学问确有古今之别。换言之，古今学问变异的原因不在于学科的分类或使用工具的变化，而来自对经典的认识不同。

具体说来，不同时代对于经典的认知不同，有两种情况：一是对哪些书属于经典的认定有差别；比如儒家经典从"五经"到"四书五经"再到"十三经"，是经典范围的扩大。二是对经典的解释的差异，比如对于权威注疏的认定发生改变；举一个典型的例子，朱熹《四书章句集注》在成书的年代连同作者一起被排挤打击，后来地位逐步上升，到了明代则被定为官方意识形态的标准解释。

从古今之别的视野来看，首先是第一种情况，经典的范围明显扩大了，主要是将自然科学和社会科学的重要著作划入经典，同时人文经典的数量也有所扩充。而传统意义上的经典，虽然受重视的程度有所下降或起伏摇摆，但依然不可替代。这里透露出的信息是人类生活空间的扩张，以及重心的转移，其与第二种情况的古今变化紧密相连，而不若后者之深切著明，此不赘论。

就第二种情况的古今之别而言，二十世纪以来对经典的解释发生了巨大的变化。近人程树德曾说："今人以求知识为学，古人则以修身为学。"这句话见于程先生撰于1940年代的《论语集释》，概括了古今对经典的不同理解，推扩一层，实则是古今之学的本质性差异。

以下就以《论语》为例，来看看经典解释的古今变异。朱熹的《论语集注》的权威地位，伴随着科举考试教科书的身份一直延续到清末；1905年废除科举之后，随同读经在教育系统中的弱化乃至取消，该书地位则持续走低乃至被彻底抛弃。及至今日，朱注重新被学界重视，但是以它为代表的经典解释并未回到原先的主流地位。当今在读书界影响最大的《论语》解读，以杨伯峻《论语译注》和李零《丧家狗》为代表；前者以其浅显易懂，译文流畅，在普通爱好者中流行数十年，且被作为文科学生的入门书，后者主要受到相对高阶的知识阶层的青睐。两本书写作形式和读者群体不同，对经典的认识理路却如出一辙。

就如这个书名，《丧家狗》说得直白，就是要去神圣化，还孔子"知识分子"的本来面目。杨著《论语译注》比较温和，因形式所限也没有直接阐发自己的见解，但是通过其译注，描画出的孔子也是一个具有人文主义精神的"知识人"形象。不消说，杨李心目中的孔子都是以他们这一两代知识分子的形象为蓝本的。不能说孔子身上没有这些因素，但以这个整体形象比附孔子，则不啻天壤。这背后的根源是现代性的问题，彻底追溯分析不是本文的任务，简言之，现代人是扁平化的生命，生命应有的丰富层次和可能达到的高度被"二维化"了，物质性生活和头脑性知识是此扁平化人生的表征；现代知识人超出普通人的主要是"量"的增加（知识、专业技能或逻辑思维能力的增加），而非"质"的变化（生命的净化提纯）或"性"的改变（生命层次的提升）。古代文化人（不论中西）以追求精神境界的提升为人生目的，其间或许有层次的差别，比如立足人间的君子贤圣，立足出世的得道证果，其共同点是生命的净化和高度层级的提升，而此质和性的跃升需要付出持续的努力乃至毕生的精力。

或许有人会说："所谓精神追求我们不是一直都在提倡吗？现代人并未抛弃精神、道德呀。"是的，这些词我们还在用，但是已经偷换了概念。精神、道德的提高，本义是向上的质的提升，而现代人却是在平面上使用这些词，说一个人道德高尚，只不过是说他遵守伦理规范，做事有原则，有正义感等；说一个人有精神追求，不过是说他文化生活丰富，艺术品位较高等。不错，古人的精神、道德也离不开这些内容，但这些内容最多只是提升自我的起点或方式。究其根源，之所以有这种偷换且不自知，是因为截断了这些词背后的天人连接。在人类各民族的上古神话里，都有天人往来交通的描述，后来"绝地天通"，天人之间断绝了直观形象意义上直接往来，但是精神的连通始终保持，作为人类文化的共同根基，并且成为文化基因灌注在每个词语之中。而现代化以来，这种精神的连接逐渐中断了，词语也成了无根漂浮之物。且以"道德"一词为例，略作讨论。

现代语境下的"道德"与古典的道德，并非一回事。就本义而言，"道"是宇宙万物的本体，"德"是道在具体事物中的呈现。道下落到每个事物中，事物各自以其特有的方式呈现道，称为德。因此德一方面与道连通，一方面又是某一事物之为此事物的根据。如果没有德，某一事物就不成为它自己了，因此一个人如果没有德，就不成其为一个人。德对于人来说，是保证他是一个人的根本，并且是由此上通于道的依据（所以孔子说"志于道，据于德"；由德上通于道则需要"修"，称为修身或修道，所以接着说"依于仁，游于艺"，就是修身的方法），因此是人的第一需要。后来把这两个字组成一个词，表达的正是道的根源性和彼此的关联性，所谓天人之际，所谓万物一体，俱在其中。因此，"道德"在传统话语中是最高序列的词，代表人类精神领域的源头，具有神圣性。

现代语境中"道德"的含义，大致对应古代汉语的"德"字的层面，但道的意义已经被弱化甚至切断了，因此"德"也就不是原来意义的德。现代语境中的道德，一般是指为了使人与人和谐相处，或者维系社会秩序而对个人的伦理要求，进而固化为社会行为规范。这里的德不再与道相连，因此也失去了其为人之根本和第一需要的意义，成为一个附加在自然人身上的，因应社会需要而后起的东西；因此，通过个人的道德修养而上通天道、与道合一的途径也湮灭不彰，此之谓"天地闭，贤人隐"。由此可见，现代一般所谓的道德，是实用主义的产物，与古典的道德相比，成了无源之水。

如是，"道德""精神""性命""心灵""修身"这些词的本义都连通着天道，是故孔子说"下学而上达"，抽离了"天"之维度，亦不成"人文"；如此"天人合一"的人文，才可以"化成天下"（见《易经·贲》象辞），此之谓"文化"。现代性的弊病在于将立体的上出的精神维度拉低到平面的"量化"的物质和知识层面，从而取消了人通过自我修炼成为"超人"以自我实现这一向度。因此，古今人的特质不妨分别用"知识人"和"文化人"① 来指称。

---

① 美籍罗马尼亚裔学者伊利亚德（1907—1986）曾创设"宗教人"概念，用以与知识化的现代人相区别，宗教人所指的内涵略同于本文说的"文化人"，都指向精神的丰富和提升；中国传统"文化"观念所涵甚深广，可以包含一般理解的宗教。伊利亚德有很多宗教文化学、神话学的著作，对此问题多有精辟的分析和洞见，可以参阅。

站在古人的立场上，如果历史定格于此，那就不仅是"三千年未有之大变局"，而是"人将不人"。幸好，对于现代性弊端的认识伴随着现代化进程而逐渐深入，由知识人再到文化人的转折已经悄然来临，而且携着科学这件利器的回归，某种意义上可能是更高层面的回归。就如历史上常见的情况，根本性的变化往往先从边缘地带发生，逐渐渗透到主流文化形成风气，再带动底层民众的转变。当今之际，边缘向主流渗透之势已成，但主流仍旧唱着老调，因此这些话虽然也已不新鲜，还是得一说再说①。

传统的经典，不论中外，都是以精神提升为核心的。经典的类型不同，情况亦有所差别。宗教类经典以出世为目标，当然是以精神提升为主的。世间经典，比如儒家类，则精神提升与世俗生活兼

---

① 笔者深知，这样的论述很难使自居现代知识人者信服，所谓"只缘身在此山中"，道理不难懂也不难验证，问题是障蔽已深，自以为是，正坐孟子"自暴"之病，所谓"自以为是，而不可与入尧舜之道"。本丛书的目标读者是对于传统修身之学心向往之，至少是保持开放的心态，愿意倾听内心的声音的人，固步自封者不足与论。

顾，即"内圣外王之道"，但仍然是以自我的精神提升为主导，以精神生活贯通物质、社会生活，此之谓"吾道一以贯之"，"壹是皆以修身为本"。具体说来，就是需要按照一定的修养方法，经过积累淬炼而发生质变，达至某种超越凡俗的精神境界。推己及人，又可以分为自我提升、帮助他人两个方面，即学习与教化，自觉和觉他。

仍旧以《论语》为例。《论语》有两个核心关键词，一个是"学"，就是自我精神提升的过程，用宋儒的话说：学是为了"变化气质"，"读《论语》，未读时是此等人，读了后又只是此等人，便是不曾读"（朱熹《论语集注》引程颐语）。另一个词是"君子"，即学的目标：达到一定的精神高度，成为一个真正的人。君子只是一系列境界坐标中的一个，往上还有贤、圣等。"学不可以已"，学习是无止境的，人生就是不断攀升的过程，孔子现身说法，用自己的一生诠释这个过程："吾十有五而有志于学，三十而立，四十而不惑，五十而知天命，六十而耳顺，七十而从心所欲不逾矩。"孔子孜孜以学，精进不已，以差不多十年一个台阶的速度将生命提升至极高的地位，生动而明确地示现了学习是精神的提升，是质的飞跃，乃至性的改造。但是如果换成现代的知识化的眼光，则会作出另一种解读。

就如《论语》开篇第一章：

> 子曰："学而时习之，不亦说乎？有朋自远方来，不亦乐乎？人不知而不愠，不亦君子乎？"

字面意思很简单，但是如何理解其真实含义，对于现代人却是一个考验。比如第一句，"学而时习之"，很容易想当然地把这里的"学"等同于现代教育的"学习知识"，那么"习"就成了"复习功课"的意思，全句就理解为学习了新知识、新课程，要经常复习它——直到现在，通行的《论语》译注包括中学课本，基本还是这么解释的。但是，我们每天复习功课，真的会快乐吗？

其实这里发生了根本性的理解偏差。古人学习的目的跟现代教育不一样，其根本目的是培养一个人的德行，成就一个人格完满、生命充盈的人，所以《论语》通篇都在讲"学"，却主要不是传授知识，而是在讲做人的道理、成就君子的方法。学习了这些道理和方法，不是为了记忆和考试，而是为了在生活实践中去运用、在运用时去体验，体验到了、内化为生命的一部分才是真正的获得，真正的"得"即生命的充盈，这样才能开显出智慧，才能在生活中运用无穷（所以孟子说：学贵"自得"，自得才能"居之安""资之深"，才能"取之左右逢其源"）。如此这般的"学习"，即是走出一条提升道德和生命境界的道路，达到一定生命境界的人就称之为君子、圣贤。养成这样的生命境界，是一切学问和事业的根本（因此《大学》说"自天子以至于庶人，壹是皆以修身为本"），这样的修身之学也就是中国文化的根本。

所以，"学而时习之"的"习"，是实践、实习的意思，这句话是说，通过跟从老师或读经典，懂得了做人的道理、成为君子的方法，就要在生活实践中不断（时时）运用和体会，这样不断地实践就会使生命逐渐充实，由于生命的充实，自然会由内心生发喜悦，这种喜悦是生命本身产生的，不是外部给予的，因此说"不亦说（悦）乎"。

接下来，"有朋自远方来，不亦乐乎"，是指志同道合的朋友在一起共学，互相交流切磋，生命的喜悦会因生命间的互动和感应，得到加强并洋溢于外，称之为"乐"。

如果明白了学习是为了完满生命、自我成长，那么自然就明白了为什么会"人不知而不愠"。因为学习并不是为了获得好成绩、找到好工作，或者得到别人的夸奖；由生命本身生发的快乐既然不是外部给予的，当然也是别人夺不走的，那么别人不理解你、不知道你，不会影响到你的快乐，自然也就不会感到郁闷了。

以上的说法并非新创，从南朝皇侃的《论语义疏》到朱熹的《论语集注》，这种解释一直是主流。今天之所以很多人会误解这三句话，是由于对传统文化修身为本的宗旨不了解，先入为主，自觉或不自觉地用了现代观念去"曲解"古人。

二、工夫路径

经典的本义既是如此，那么其内容组成，除了社会层面的推扩应用之外，重点自然是精神提升的路径、方法，实践过程中的经验总结，以及效果境界、勘验的标准等，所有这些，传统上称为"工夫"（或"功夫"）。

能够写成文字的只是工夫的总结和讨论，可称为"工夫论"，对于工夫本身来说，已落入"第二义"。由此可知，工夫论应该以实际的工夫为准的，实际工夫来自个人的亲身体验。经典中的工夫，既然是用来指导后来者的实操指南，那么此工夫就应来自公认的成就者，即被大家和后人认同的具有极高精神境界的人，中国文化称为圣贤。所以对工夫可靠性的认定，来自对成就者境界的认定，而境界的认定又来自于其人展现出的"效验"和"气象"。

或许有人会问，既然精神境界无形无相，古时候那些圣贤是凭什么认定的？对于普通人而言，对于圣贤的认定需要通过间接、逐次的方法和长期的过程。按照精神高度的差别，人可以分成不同的层级，圣人好比在九层楼，贤人在七层，君子在五层，我们普通人在一层。如果在一层的人想要知道某人是否在九层，一个可行的办法是先认定一些在二三层的人，再通过二三层间接认定更高层的人。

二三层人看到的景观虽然与一层有所不同，但是比较接近和类似，比如不远处一所房子还是一所房子，只是小一点；二三层还可以看到更远处一些景物，一层人虽然看不清但也能看到大致的轮廓；因此可以依据一层的经验判断这些人所描述的景象是否真实可信，以此来认定他们是否真的在二三层。待到多认定一些二三层的人，会发现这些二三层的人会共同认定某些五层的人，在一层的人就可以基本相信那些人是君子；君子虽然高出一层人很多，所描述的在五层楼上看到的景观，有些一层人根本不曾见过，但是既然我们认定的二三层人都说那是真的，那么我们也就愿意相信是那样的。同样道理，我们可以逐级向上，通过君子来认定贤人，通过贤人来认定圣人。如此，被很多同代人认定的圣贤，记录了他们的实践经验的著作会流传下去，后面一代代人则主要通过这些著作再来认定（其实认定的途径不限于此，超时空的感应乃至神通在精神实践层面也是重要的方式，此暂不论），这样经历代反复确认过的人就被公认为此文化传统中的圣贤，他们的著作则被确认为经典。地位确立之后，后来的人们也就会以经典，也就是圣贤的言说当作行为和自我提升的指南，佛教中称为"圣言量"。但是从根本上说，圣言量也只是间接经验，对于我们的本心本性而言，还是外在的参考标准，只是我们目前无法获得直接经验，所以需要先"相信"经典。

如果我们只是作为一个凡人生活一生，并不作自我"升级"之想，那么这些经典确实可以在宽泛的意义上指导我们，使我们维持住现有的水平，不至于堕坑落堑，想要达到这个最低目标，需要对经典和往圣先贤有敬畏之心；如果希望自我提升，走君子圣贤的超越之路，那么这些经典记载的圣贤经验更可以给我们指明方向，引领扶持，这同样需要对经典和圣贤有恭敬心和信心。但是，对于后者，对经典和圣贤的"信"就不是一个固定值，而是一个过程，需要在实修过程中逐步验证落实"信"。回到那个比喻，普通人从一层起步攀登之初，就需要树立顶层的目标，同时对二层乃至顶层的风景有一种想象和向往——此为起初的"信"，来自圣言量，可称为"虚信"——这非常重要，不仅是确立前进的方向，还是攀登的动力。当来到二三层时，一方面原先对二三层的揣测就落实为亲证，一方面对于四五层的风景也有了更进一步的认识，同时信心也就更落实。等我们到达第五层，就实证了君子境界，并且对贤圣境界有了更亲切的体会、更明确的认识；或许终于有一天，登上了第九层，会完全确证经典上的话。——就是这样，一步一步，以自己的体验逐步印证圣贤的经验，将圣贤的经验化为自己的体验；与此同时，也由最初的"虚信"逐步落实到亲证的"实信"，此为"证量"（与"圣言量"相对）。假如不是这样走亲证的道路，只是站在原地凭借头脑意识或想象、或推断，则始终不脱空想窠臼，现代学者多坐此病，佛家谓之"戏论"。当年大程子批评王荆公只如对塔说相轮，不免捕风捉影，而自己则"直入塔中，上寻相轮，辛勤登攀，逦迤而上"，终有亲见相轮之时（《河南程氏遗书》卷一），可谓切肤入髓，惜乎今人多不察也。

圣贤留下不同的经典，路径和方法有别，体现了各人特性、处境的差异，传统称为"根器""机缘"。修证的第一阶段，需要确定适合自己的路径和导师，过此方可称"入门"。就儒门而言，孔子身后，儒分为八，表征了学问路径的分化；论其大端，向有"传经之儒"和"传心之儒"之分。所谓传心之儒，并非不传经，而是以修身为本，这样在解经传经之时，以工夫体验作为理解和诠释经典依据，如果修证有方，则虽不中亦不远矣。所谓传经之儒，乃以传经为务，其释经亦以理论推导、文字互释为主，传经者如果缺少实证经验（没有自觉用工夫或工夫境界太低），很可能转说转远。如汉儒说经动辄万言，政府立"五经博士"，解经传经成为学官专业；"传心"式微，转为边缘暗流，可以想见。与此同时，经学乃至儒家本身的衰落也就蕴含其中了。如前所述，文化和经典的根本在于个人身心的实践，亦即须有可操作的修持方法，还要有一代代的成就者保证这些方法的效果和传承。因此传经之儒保证不了经典的鲜活性，当传心一脉中断，工夫路径湮没，经典变异成历史资料集之时（喊出"六经皆史"的，必然是儒学衰微的时代——清代主流自称"汉学"自有其学术依据，亦与汉儒同坐其罪），作为学派的儒家即失去了其根基，很容易沦为统治工具。时代精英亦自然汇聚到佛、道门中，所以有"儒门淡泊，收拾不住"的感慨。

这正是宋儒所要解决的问题。汉宋之变，其实质就是回到"传心"的路径上。曾子、子思、孟子一脉，被宋儒拈出，特为表彰，与《大学》《中庸》《孟子》经典地位的确立一道，成为孔门正宗。其背后的原因，前人多有考论，如果从工夫的角度来看则昭然若揭。支撑宋儒的，并非当今哲学史家看重的一套"性命理气"的理论系统的建立，而是找出清晰的工夫路径和可操作的修身方法，其心、性、理、道等名词概念主要是为了说明工夫原理和实践经验①，这里当然有佛、道二教的刺激，但宗教间的竞争根本上不是理论的争辩，为了生存，必须找到自己的修行成圣的路径和方法，如果要竞争，也只能从这里竞争，看谁的方法有实效有保证。并且对抗往往先从内部开始，所以有"道

---

① 这里当然也涉及现代所谓"宇宙生成论"问题，但并非来自理论的兴趣。"天""道"既是生命的来处，也是工夫的源头，《中庸》首章说得明白："天命之谓性，率性之谓道，修道之谓教。""率""修"已进入工夫领域，下面紧接着就是工夫的具体展开："道也者，不可须臾离也，可离非道也。是故君子戒慎乎其所不睹，恐惧乎其所不闻。……"此外，"天""道"还是修行的目标或人之归宿。儒道二家于此大体一致，只是着眼点不同：儒家重起点和此生，故以人道合天道；道教重目标和去处，故多天界神仙之谈。

统"论的建立。韩愈发其先声，谓"轲之死，不得其传焉"，宋儒接着说，其后千有余年，乃有周、程诸子出，直接孔孟之传，其表征的正是"传心"对于"传经"之儒的拨乱反正。

类似情形在佛教内部亦有发生，不妨参照。唐朝初年玄奘法师载誉归来，翻译大量经典，并开创了中国唯识宗，国主僧俗崇信，一时无两。然而二三传之后，唯识宗即迅速衰落，取而代之的，则是密宗（这里指的是从"开元三大士"入唐开始，从玄宗到德宗皇帝尊崇的唐密）和禅宗。唯识宗不论在印度还是中国，其特长在于理论系统的完备深密，与之相应，其修持方法也以深入细密辨析心相为主，高度依赖于学识和思辨力，难于落实到一般人的修持操作上，因而一个直观的结果就是，如玄奘大师这样的成就者太少，后继乏人。修行路上，普通人要付出艰苦长期的努力；其间的动力，除了获得可以感知的"法效"之外，还需要榜样的力量支撑。相较而言，之后的唐密则不仅有完整的修持仪轨可以凭依，几代祖师所显示的功效和神通令皇室心折，数朝奉为国师；禅宗的修证虽以不落文字著称，但其修持路径和方法是清晰的，对于相应的根器而言，依然有章可循便于操作，且其代代相传，皆有明心见性的宗师作为保证。后来密禅二宗亦相继衰落，其根本原因也是在修证方面的后继乏人，传承中断，[①] 可见宗教（此取其传统和宽泛意义）的根本在修持，修持须有可行的方法和切实的效果。

三、从浑融到精微

宋儒的使命，是从秦汉以来榛芜已久的荒野之中辟出一条路，由凡至圣之路。

说开辟，毋宁说是恢复。因为由凡至圣的途径，至迟在孔子那里，已然清晰呈现了。如前所述，"学"，就是孔子开辟的这条路的宣言——孔子自己示现了从凡夫（"吾少也贱"）自励修学（"吾十有五而有志于学"，"十室之邑，必有忠信

① 唐密衰败之由，主要是外部环境压迫造成的传承中断，其经唐武宗毁佛教、朱元璋禁习密，遂于汉地中绝，所幸唐德宗时传于日本，兴盛千年，民国年间乃得反哺中国，流传至今。禅宗的逐渐衰落，则主要因为随着时代更替学人根器跟不上了，这也是宋明之后禅净合流，乃至净土独盛的内在原因。

如丘者焉，不如丘之好学也"），逐步提升直至贤圣（三十、四十、五十、六十、七十，十年一个台阶，一个新的生命境界）的全过程。孔子自居于"学者"，即终生学习的人，且只问耕耘不问收获："若圣与仁，则吾岂敢？抑为之不厌，诲人不倦，则可谓云尔已矣。""为之不厌"，学也，即自觉；"诲人不倦"，教也，即觉他；更深入一层，所谓教学相长，学也是教，教也是学：均是过程中事，不自居于已成。这里既是表示自我态度，也是为后儒立法，效法天道，永远在"学"的过程中，"天行健，君子以自强不息"，是以《易》终于"未济"。

当然这并不妨碍，或许更使得学生及后人推崇孔子为圣。到了汉代，更是由圣而神（倒也并非无据，孟子说"大而化之之谓圣，圣而不可知之之谓神"），被赋予了很多神通异能；更重大的变化是，孔子被认为是天降圣人，不学而能，其使命乃是为后世立法。因此汉儒说经，重经世而轻心性；演绎神异，乃有谶纬。如此一来，孔子示现的成圣之路既不得信重，《论》《孟》、五经里的工夫路径亦湮没不彰。

究实而论，汉儒那里未始没有工夫。高推圣境，敬天祭神，背后是一种虔敬之情，这是从神话时代延续下来的宝贵资源，其本身也可以成为工夫，但是汉儒对此缺乏自觉的意识，则其自我提升的效用亦微矣（类似于宗教中的善信之众与"修士"之别）。与此对照，相信凡人可以成圣，自觉运用工夫以提升自我，这是孔子提炼出来的中国文化中至为宝贵者，这种自信自觉在汉儒那里重归晦昧，是非常可惜的。在此意义上，儒学在汉代是一个曲折。

接下来的魏晋南北朝至唐、五代，对于儒学而言确乎漫长而晦暗，与之对照的是佛、道二教的蓬勃发展。其间正是二教工夫体系的成熟期，唐代佛教各宗相继而兴，大德高僧灿若群星；道教丹道修炼也逐渐系统化，形成自己的特色。宋儒的异军突起，正是在这样的环境里产生的；所谓"礼失求诸野"，一面是自身传统的失落千年引其奋发，一面是二教工夫修炼的丰沃土壤足资滋养。回看宋儒的道统说，以周程直接孟子，体现的既是传心之儒的认祖归宗，更是身心修养工夫的回归以及贤圣可期的自信自强。"问渠哪得清如许，为有源头活水来"，只有在此意义上，儒学才是真正的活的学问。

宋儒重建的工夫系统，立足于对孔颜曾思孟工夫的回溯和整理，同时融入了时代特色。概括言之，先秦道术皆脱胎于上古之巫①，巫术可谓一切工夫的源头。经过孔子提炼的工夫，乃以人的活动为基，在生活中自觉地以人合天；巫的本质是"降神"，即神灵来合人（当然有高级的"神显"和低级的"附体"之分，此不深论），工夫则是人通过自觉的精神修炼以上合天道。但是孔门工夫中，天人、人神的联系仍然紧密，礼、乐、《诗》、《易》中在在可见。礼乐来源于祭祀，而祭祀则是巫的重要领域。作为孔门工夫的"礼"，保留和强调了其

---

① 此"巫"请勿误解，巫字从字形上看其义显豁，乃是沟通天地人的媒介。远古时代，天人往来畅通，后来"绝地天通"（首见于《尚书·吕刑》），天人的沟通就成为一种专职，由具有灵性能力和专门技术的少数人掌握，这个特殊群体称为"巫"，大巫不仅掌握通灵之能和术，也是文化的传承者和氏族王朝的首领。这种情况，在伏羲女娲等远古传说，《山海经》的各种神异记载，乃至《史记》开篇的《五帝本纪》中，仍然可以窥其大略。

中的虔敬之情，比如"祭如在，祭神如神在"①。
《乐经》虽不传，乐的精神在《诗经》里尚可想
见；乐，就是情感的和乐状态，需要在人之"常
情"中体验，比如经孔子删述的《诗》三百，以
《关雎》的男女之情开始，以"颂"的敬天娱神结
束，合乎《中庸》所言"君子之道，造端乎夫妇，
及其至也，察乎天地"之序，亦为"情"之工夫次

---

① 这句话现代人往往简单当做比喻而轻忽，孔子的
"如"，只是区别于生人肉体的存在，不妨其为具体生动的鬼神
之"在"。《中庸》引孔子的话说"鬼神之为德，其盛矣乎；
视之而弗见，听之而弗闻，体物而不可遗"，是说鬼神确乎存
在，但不能用肉眼见，不能以耳朵听。如何感知呢？"使天下
之人，齐明盛服，以承祭祀；洋洋乎，如在其上，如在其左
右。"人以诚敬感格鬼（这里是指祖先）神，切实感受其降临
身边，此为精神的感通，其工夫的关键是用心用情。下面的一
段描写更具体形象：

　　齐（斋）之日：思其居处，思其笑语，思其志意，思
　其所乐，思其所嗜。齐（斋）三日，乃见其所为齐（斋）
　者。祭之日：入室，僾然必有见乎其位；周还出户，肃然
　必有闻乎其容声；出户而听，忾然必有闻乎其叹息之声。
　（《礼记·祭义》）

"思其居处，思其笑语，思其志意，思其所乐，思其所嗜"，此
为工夫。这里的"思"是思念，不是思考，思考用脑，排除情
感；思念用心，有情，用回忆不断加强情感的浓度。"见乎其
位""闻乎其容声""闻乎其叹息之声"，此为效验。此处的见
闻，也不是肉眼、耳朵所得，而是心的感通。

第。① 孔子韦编三绝，作《十翼》，《易》在孔门工夫中之地位可知，而《易》道幽微，处处皆寓天人感应，为下学上达的高阶教程。一言以蔽之，孔门工夫是天人连通、情理交融的，其形态特征是浑融的。

宋儒的工夫特色，也要从其历史环境变化，及其所处的实际生活状态中理解。相较于先秦，中古时期天人关系进一步疏远，日常生活中具体可感的乃是世间鬼神（民间所说的"三界"中，天界高高在上，与人关系紧密的是人间和冥界的鬼神仙灵）。在宋儒那里，一方面对于祖先以外的世间鬼神持一种疏离或排斥的态度，另一方面"天"高悬

---

① 《史记·孔子世家》中生动记载了孔子学琴的经过：

孔子学鼓琴师襄子，十日不进。师襄子曰："可以益矣。"孔子曰："丘已习其曲矣，未得其数也。"有间，曰："已习其数，可以益矣。"孔子曰："丘未得其志也。"有间，曰："已习其志，可以益矣。"孔子曰："丘未得其为人也。"有间，有所穆然深思焉，有所怡然高望而远志焉。曰："丘得其为人，黯然而黑，几然而长，眼如望羊，如王四国，非文王其谁能为此也！"师襄子辟席再拜，曰："师盖云《文王操》也。"

以工夫的眼光看，此是通过操琴，逐步澄明自心的过程，"志于道，据于德，依于仁，游于艺"乃孔门工夫论之总纲，此则生动展示了"游于艺"，即由技入道的工夫路径。同时艺乐不离神人之交感，最后文王之相赫然呈现，亦即"以乐通神"的境界。

为遥望的近乎抽象的存在，这既是时代原因造成的天人远离，也体现了宋儒阐发的"理"的特征。这一转化可称为"以理代天"。

上古时代天人的紧密关系，可以从遗典中窥见，经过孔子删述的五经，依然保留了这样的底色。彼时天人之间通过巫而上达下传，通过祭祀卜筮等建立联系，经孔子转化为礼、乐、《诗》、《书》、《易》的工夫，增加了自觉的修身意识，但其工夫注重感应和情，与上古的巫文化仍是血脉相连。感应的基础是"情"，情既是人的自然需求，又可以作为工夫和教化的重要方式，因此有学者依此精神将诗教礼教称为"情教"。宋儒继承了诗、礼的教化传统，但是其中情感的作用明显减弱了，比如朱子解《诗经》，始终有意识地将人情导归于中正平和之理，可说是"以理化情"。

例如，朱子解释《关雎》，延续汉儒之说，认为此诗主旨乃表"后妃之德"。《关雎》所表达的浓郁的男女情爱，因而转变为以德相配的"理性"态度。"求之不得，寤寐思服，悠哉悠哉，辗转反侧"，其心念相继、情思绵绵之态，朱子解释为："盖此人此德，世不常有，求之不得，则无以配君子而成其内治之美，故其忧思之深，不能自已，至于如此也。"把春草般自然之情思，加了一个曲折，变成了因寻思其德之稀有难得而求配的"忧思"，此"忧思"无疑含有理性成分（甚至有功利的衡量："配君子而成其内治之美"），与直接发自身心的"情思"已非同一层次（用佛家言，情思属"现量"，忧思则属"比量"）。从朱子的角度来看，《关雎》表达的世俗之情、男女之爱，须拉到后妃之德上去才能符合"经"的地位。然而，《关雎》乃《诗经》开篇第一首，对照于《论语》首章的开宗明义，地位不可不为隆重，以汉儒、朱子的解释，显然不能相应（"后妃之德"乃《毛诗序》之言，郑玄则走得更远，乃至于有后妃另求淑女为妾以配君子之说）。这里表征了不同时代儒家工夫中，情的地位和作用的差异。在孔子那里，作为天人相应的基础的"情"，并非无源之水，其发端恰在于男女之爱情，就如孝亲之"孝"本是"私情"，却为"仁之本"（《论语·学而》："有子曰：孝弟也者，其为仁之本与！"）。再如《易经》上经讲天道，下经论人道，并有对应关系；上经以乾坤二卦、下经以咸恒二卦开始，即以男女之情对应乾坤之合。抛开男女之情，不惟不近人情，难于实行，恰恰失去了体会天人相应的良机；真切体会男女相爱慕的自然直接，彼此情思的绵绵不绝，将之延伸到慕天爱神，思念相继，这就成为工夫，而且是根本的直接的工夫。就如印度瑜伽修炼的分类，按照《薄伽梵歌》所示，"敬爱瑜伽"直接与神连接，乃是最简易直截的工夫，礼乐《诗》《易》的工夫庶几类之；宋明理学则类似于"智识瑜伽"，其修持工夫是依据"自力"、偏重"理性"（此处借用理性一词，包含了心性和后天意识）的，其形态特征是精微的。

　　回顾工夫的发展历程，上古巫术的阶段，巫的身份基本是"天选"的，其天生具有通灵的特质，在某个特殊机缘或经过一定的训练，获得"降神"和"出神"的技能①，起到沟通天人、人

---

　　① 此类工夫和技能并未消失，而是不同程度和不同形态地保存在三教和民间宗教中，前者除了与感应、加持有内在联系之外，主要体现在民间扶乩等方术以及巫女神汉的那里，演变成仙灵附体，与上古沟通天人的巫已不可同日而语；后者则成为重要的宗教修炼术，比如道教内丹、佛教密宗等都不乏这样的记载，甚至儒家例如王阳明的传记里也有类似的传说。究实而言，出神或神游乃是修炼到某种境界时的自然效用，不是某家某派专有的，区别只在于是否将此作为自觉的工夫或追求的境界。

神的作用。孔门工夫的意义，则是将少数特别人掌握的特殊技能转化为具有普遍意义的，普通人可以学习的，用于提升精神高度的方法。其与巫术的连接在于，一面保留和提炼礼乐仪式及其内涵的情感作为重要工夫手段，一面不刻意追求但也不排斥天、神（灵）在中间的强化作用——与此类超时空存在保持不即不离的态度——不追求，是因为没有特殊机缘的普通人难以获得，反而容易产生副作用；不排斥，是因为此类作用真实存在，且往往会产生奇妙的效果。汉儒则在此意义上有所倒退，即回到了以天和神为中心的，将孔子视为天选和沟通天地的大巫，从而弱化了儒学的工夫内涵，使得孔子开出的"下学而上达"工夫路径晦昧不明。宋儒重新清理出这条以人为本的工夫路径，且在孔子的基础上进一步强调了人人可以学而至圣；因为强化以普通人为基础的路径，则弱化了天和神在工夫意义上的"加持"之力；工夫转移到对心性的高度自觉的精细磨炼（黄宗羲《明儒学案发凡》所谓"牛毛茧丝，无不辨晰"），同时削弱了作为工夫的"情"的地位和作用，以及与天连通的"礼乐"之本义，使得礼成为心性磨炼的辅助手段——所谓"内外夹持"工夫之"外"的一面——或者作为社会规范和"戒律"意义上的外在约束。

宋明儒学内部又有理学、心学的分化。相对而言，从大程子到陆象山到王阳明这一路，更注重"心"的感应、灵明作用，因此被称为"心学"。相对于小程子、朱子一路的更理性化、更重礼的外在规范作用，心学则对于诗的情感特性更有感觉，比如大程说《诗》注重"吟咏情性"，"浑不曾章解句释，但优游玩味，吟哦上下，便使人有得处"（《近思录》3.43，3.44），因此其个人气象更接近孔孟浑融和乐，令学人"如沐春风"，与小程之"程门立雪"恰成对照。这里不当只看作个人气质之别，亦体现出工夫路径的差异。

陆王一路可以看成是在宋明范围之内的"传心之儒"，相对而言，程朱一路则更偏于"传经之儒"。如果借用佛家自称"内学"的含义，用内、外来标识学问与心性工夫的紧密程度，"传心之儒"为内，"传经之儒"为外，同时两派之内又可再分内外，图示如下：

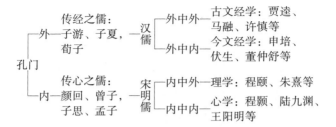

心学在一定程度上对理学起到了平衡中和的作用，使其不至于产生大的流弊。但是理学的工夫路数也是时代背景下大多数人"心理状况"的反映，随着天人远离，心灵能力普遍退化，或者说灵性充足的人变得稀少，人们越来越习惯于运用脑力（理智）。因此心学兴起的内在动因，即是不满于理学之偏于理性和知识（理学可说是心脑参半，在心学看来则是主次不分），将工夫全部收归当下之"心"，虽则其简易直截大受欢迎，但是当心学普及推广时，其困难也就显现了——普通人难以直接切入灵性层面，容易流于意识的模拟想象，其流弊至于认欲为理，猖狂恣肆。这也是阳明后学分歧的根本原因。理学、心学的差异当然与个人气质特点相关，每个人需要找到适合自己的路径，也就决定了会有偏于理或偏于心的选择；同时，在心上用功也需要找到适合自己的抓手，或当下直入，或迂回而进，或寻求辅助，这又在心学内部造成差异和分化。

到了明末清初，心学困境、流弊加上时代风气的外力影响，使得儒学主流逐渐向理学复归，及至清中后期又进一步成为"礼学"；此时的礼教已经基本丧失了孔门工夫中的情和感通的一面，也就失去了"礼意"，而专成为外在约束的、僵化的教条，从而堕落为统治工具，所以才有"五四"时期"吃人的礼教"这样的控诉。这是礼乐精神一步步失落和变异的过程。与此同时，则有清代"汉学"的兴起，认祖归宗于汉代传经之儒（主要是古文经学），此为儒学的知识化。遭此内外夹击的儒家又一次进入低谷。谁曾想，清末以来又遭遇全球现代化的大潮，以内圣工夫为性命的儒学，连同同气连枝的佛道二教一起，被卷入了前所未有的深渊。此为"三千年未有之大变局"之本质①。

_____

① 清代儒学虽肌体逐渐衰弱，其能维持生命保持一口真气，仍是靠的宋明儒学的延续，不绝如缕。所谓同治中兴，其根骨乃是曾国藩师友团体以讲学修身相砥砺，带动振刷朝野风气的结果。无奈时代大环境，就心性实践之学而言，已然踏入一个循环中的"坏、空"之相。作为曾门弟子的李鸿章，无疑是对于儒家运命、现代风潮有双重刻骨感受的人，能说出这句直透骨髓的话实在情理之中。这一时段的相关论述，可以参阅拙文《常道与常识：重估梁启超之路》（载《原学》第一辑，复旦大学出版社，2021 年）。

以熊十力、马一浮、梁漱溟为代表的现代新儒家，以及佛教复兴运动，均属文化"返本开新"思潮的一部分，都应看作对此"大变局"的自觉反应。而现代新儒学需要面对的，表面的一层是中国文化怎样应对现代化的冲击，这是容易看到的层面，而且儒家作为传统文化的代表冲在前面。更深一层的问题，则如同上一次新儒学（海外学者习称宋明儒学为"新儒学"）创立之时所面对的，是工夫路径的湮没和人才的旁落，这一层则容易被忽略。现代新儒家因此产生分化，而大部分人包括后来成为主流的熊牟师弟将主要精力放在了儒学哲学化的理论建设，即应对第一层冲击，对自身加以转化，此固有其时代意义，但如果脱离了工夫（修身）之根本，难免陷入当年唯识宗的困境。①

① 现实情况也是如此，熊、牟（宗三）一系新儒家辗转港台之际，声名远播，然而两三传之后，完全学院化，与一般儒学研究者无异。当年余英时与新儒家意见不合，曾有"游魂说"，认为儒家学说是建立在宗族和政治制度之上的，制度不存，魂无所寄；依本文观点，则儒家精神在修身，工夫不存，其病在"失魂"也。关于现代新儒家的分歧和演变，请参阅拙文《熊十力与马一浮——试论现代儒家的两种取向》（载《马一浮研究》，上海古籍出版社，2008 年）。

四、我们今天怎样用工夫

回到自身，处于这样一个天翻地覆的大环境，怎样学习经典的工夫，改造自我的生命，这是我们的时代命运，必须自己解决。就工夫路径而言，所谓"法无高下，对机则宜"，法门无量，而每个"机"都具有特殊性，需要找出适合自己的那一条路。"机"有两个层面，一是个人的根机（根器），二是外在的机缘；"对机"，意谓修行方法既要适合修行者本人的特点，还要适应当下的时空环境，便于实行。基于此，又可将问题分为两步：第一，弄清楚经典提供的不同路径各自的"对机"；第二，认识今天我们自己的"机"，选择相应的道路，并在修行过程中根据具体情况加以调适。

经典和古人所提供的路径是一些个案，我们读书时需要时刻有这个意识，在还原"当机"（所对之"机"）的前提下理解这些工夫路径，也就是孟子说的"知人论世"：知人，即认识此人的根机；论世，即了解他所处的环境。在此前提下，才能充分把握其路径的本质，才能明白此个案对于自己的参考作用；如其不然，就像拿着别人的药方生搬硬套用到自己身上，不得其利反受其害。

于此有一典型事例且对于我们今天用工夫影响甚大者，不能不有所论列，即如何理解宋明儒之"辟佛老"。

此问题的由来，主要关乎在特殊时代环境中建宗立派。如前所述，宋儒怀抱复兴儒学的强烈愿望，又需要在继承中走出一条新路。彼时儒学虽然表面上还占据国家意识形态的地位，内在已然空虚，面对释道两家精神充足、人才辈出的局面，宋儒的心态是峻急的。因为自身发展停滞了，而别家正在鼎盛期，汲取资源，有所借鉴，所谓"礼失求诸野"，是再自然不过的。此为文化发展和交流的常态，本不必讳言，宋儒采取的严分彼我，乃至非难排斥的态度，实际是体现了在夹缝中求生存，须撑开双脚、扩大领地的宗派意识，对此不妨予以同情之理解。立派之初，或自感危亡之时往往而然；历史上佛教内部各宗之论争，例如印度本土的小乘、大乘之争，空、有二宗之争，唐代的天台、华严之争，后来的禅、净之争，性质与此相同。但究实而论，这种情况类似于当今习见的立场先行，其出发点和论辩内容不是、至少不全是来自学理。

如果不涉及宗派势力的考虑，即使辨明两家学问的立足点和目标有别，工夫和境界层面仍然可以互相借鉴资取，最自然的态度是大方承认，公开交流，或者各行其是也未尝不可，本不必大加攻讦。正是有了压制对方、张大己势的需求，特别是宋儒有拿回失去的地盘的心态，才会有峻急乃至极端的言论，比如援引孔子诛少正卯、孟子辟杨墨，极言佛老之危害有如洪水猛兽。孔子曰"听其言观其行"，从最早严厉辟佛的韩愈到朱子，其私下仍多与释子道士相往还，试想如果佛老真的是邪道，韩朱何可如此言行不一；若说拒斥的只是佛老末流，等于说佛老之流弊是人弊而非法弊，且只要是在世间实行，法法皆有流弊，宋明儒自身的流弊，明末清初之士至于痛心疾首。（至于宋儒所非议佛老的种种观点，有的切中时弊，足可为借镜，有的则实属有意无意的曲解，具体分析留待各书"导读"，读者自行判断可矣。）

这种历史境遇造成的立场先行的情况，亦可由宋明儒态度的变化大略考察。如单就工夫路径而论，理学、心学与佛老的远近关系是有差异的（可参考上面的"内外关系图"，心学既然是"内中内"，自然与佛老"内学"关系更近），大体而言，心学的工夫较为浑沦虚灵，包容性较强，对于佛道也有更多的吸取借鉴，理学的工夫形态距离佛禅较远（有一种说法，理学近道，心学近禅；从工夫的角度看，心学确实与禅宗颇多相通和借鉴之处，而理学对于道教的兴趣多见于理论层面，比如朱子注《参同契》《阴符经》而隐讳本名），实际上程朱一系也多持更为严厉的"辟佛"态度。但在两宋期间，心学一系的从大程到象山，即使在工夫上颇多借用，在立场上仍然与理学保持一致，对于佛老"不假辞色"。这种在立场上的一致，恰恰说明了宋儒的"辟佛老"更多是出于开宗立派的需要。

到了明代中期，三教的地位发生了重大变化。儒学一方面经过近五百年的努力重新从工夫层面立定根基，另一方面随着理学成为科举考试的规定内容，确立了作为官方意识形态的地位，佛道二教转而向儒教靠拢，寻求自身的"合法"地位。举一个象征性的例子，万历年间意大利传教士利玛窦来华，先是穿僧服传教，但是很快发现在中国儒教地位远比二教尊贵，就改易儒服，并确立了"补儒易

（取代）佛"的传教策略。随着势力的彼消此长，明儒在此问题上的态度也发生了很大的变化。王阳明虽然仍表达过区分儒佛乃至贬低二氏的说法，但与宋儒相比，已经缓和多了，更像是不便于公开违反此前数百年的习惯，象征性表示一下。① 阳明有一个著名的"三间屋子"的比喻，最能表明他的真实态度。有学生问，世间、出世间学问，儒释道是否各占一块。阳明先生说非也，儒学本是贯通世出世间的，只是后儒不肖，把自己限定在世间法，把儒学弄得狭窄和浅薄了，就好比主动割让了左边一间、右边一间给佛道二氏，其实三间屋子都是圣学

---

① 比如他说佛氏逃了君臣、父子、夫妇的人伦关系，是"着相"，儒者不逃避，反而是不着相，这不但是引用了佛家的观念——着相——而且此说法指向的只是佛教徒出家的形式，仅是延续二程的一个观点："敢道此（指禅宗《传灯录》）千七百人无一人达者。果有一人见得圣人'朝闻道夕死可矣'与曾子易箦之理，临死须寻一尺布帛裹头而死，必不肯削发胡服而终。"（《二程遗书》卷一）此仅为二程辟佛言论之皮相者，不难反驳。因为对于佛教修行，出家并非必需的，唐宋以来很多有成就的大居士，且不乏身居高位颇有政绩者，并且，若出家是为了获得相对清静的修行环境，作为一种方便手段虽有其合理性（类似于宋明儒提倡静坐），但并非出家的本义，照大乘的说法，出家乃表明"荷担如来家业"的志愿，以及为了弘法的需要而取得一个"专业"的身份。

本有的。这里是个包容性的说法，只是说你们有的我也有，我可以包含你们的优势，与当初宋儒的口径不可同日而语。并且说："圣人与天地民物同体，儒、佛、老、庄皆吾之用，是之谓大道。"（见钱德洪编《王阳明年谱·嘉靖二年十一月》）此以儒佛老庄并列，同为大道之用，直与《庄子·天下篇》同调矣①。不妨将此视作三教关系转折的一个标志，此后尽管严守三教门户的声音仍时有发生，三教合流作为明清以来中国文化的主要趋势是没有疑义的。

实则这也是中国文化精神的体现，冯友兰用儒家的语言将之概括为"极高明而道中庸"（参见冯氏《中国哲学简史》），用佛教的话说，"畅佛本怀"之究竟指归，其特质是"即世间而出世间"，世俗生活和超世精神圆融为一，称为"一乘"，为佛教究竟圆融的意旨，佛教的发展可以看作是此宗

---

① 《庄子·天下篇》："是故内圣外王之道，暗而不明，郁而不发，天下之人各为其所欲焉以自为方。悲夫！百家往而不反，必不合矣。后世之学者，不幸不见天地之纯，古人之大体，道术将为天下裂。"——道本是整全合一的，因后世学者不见全体，而各执一方自以为是，才造成了现在的分裂。

旨不断开显的过程（此即《法华经》所开演的"会三归一"之旨）。就儒释道各自的发展而言，三教通过互相激发借鉴，在各自内部不断趋近之或完善表现之；就文化整体而言，至少从唐宋以来，三教融合成为中国文化发展的大趋势（不管是否承认，这样的融合是实际发生的），其内在理路即是不断趋近此真精神。王阳明的"致良知"教法，从儒家内部发展来说相当于儒家的一乘教，就中国文化而言，则可看作三教融合的成果。阳明诗云"不离日用常行外，直造先天未画前"，其特点是每个人就各自职业和身份的方便，在日常生活中随时随地用工夫修炼；佛、道两家的近现代趋势也是在家居士逐渐成为主流乃至起到中流砥柱的作用，都是这种文化精神的体现。

但是融合并不必然取消各自的独立性，三教可以在保持自己宗旨的前提下吸收融合他教因素，同时承认别家的价值和存在意义。这就涉及到"判教"。这个词起源于佛教，随着历史发展，佛教内部宗派林立，互争短长，乃至存在分裂的危险，此时就有人出来，将各宗各派放在同一个系统之中，分别判定其所处位置，理顺彼此的关系，衡量各派的特点及优劣。判教者往往是一派之宗师，以本派为立足点，对本派和他派分别给予定位和评价，而其他派别的宗师也会站在各自的基点上作出不同的判教。诸如历史上发生的天台与华严的判教，彼此争竞，但是站在第三者的立场上看，他们虽然判教不同，在各自的立足点上可以分别成立，不相妨碍，就像密宗之曼荼罗（意译为坛场，表示在功境中观见的诸佛菩萨金刚的空间排列，可铸成立体的土坛，亦可画成圆或方形的图画，以助修行），每一尊都可作为一个中心（本尊），其余诸尊层层围绕，成立一个曼荼罗；无数的曼荼罗各自成立，不相妨碍。

判教的前提是承认其他宗派也有其价值和意义，大家在大方向上是一致的；通过确立彼此的位置关系，可以更好地认识各自的特点，从而扬长避短，利于发展完善。在佛教历史上，判教也正是发挥了这样的正面作用，虽然从表面上看，各派的判教争论激烈，但这是体系内部的竞争，而非你死我活的正邪之争，并且促进了各自的发展和相互的融合。上述阳明"三间屋子"的说法，其实是基于儒的三教之间的"判教"，这样的态度与宋儒特别是理学一系比较，性质已经改变了——由正邪之争变成了高低、偏圆的中国文化内部之争。现代以来，立足于世界文化作出更大范围的新的"判教"尝试的不乏其人，比如太虚、牟宗三就分别以佛、儒立场判教，皆有较大影响。这是因应时代需要，在政教分离、信仰自由、文化交流密切的大环境下——这是现代化带来的便利——求生存意义上的对立争斗已经不是宗教间的主要问题，相反，各宗教、各文化传统在超拔人的精神、丰富人类精神生活这个大方向上是一致的，需要联合起来共同面对时代的困境——现代性的弊病带来的精神的扁平化、环境的恶化等。因此，世界文化范围内的判教是必要的和有效的方法，需要后来者继续拓展和深化。

修行者有各自的选择，可以融合多家，也可以持守单一的法门，但不妨多了解一下别家别派，才能了解自家所处的位置，掌握其特点，扬长避短；如果不顾现实环境，重弹排斥异端的老调，则难免胶柱鼓瑟，误人害己。当今常见的现象，自认为佛教徒的，往往以儒、道为不究竟而轻慢之，佛门修持之精微对治工夫既未学到手（这也与时代有关，精细分析起观的唯识等法门衰落不行，净、禅之门又容易产生粗略简慢之流弊），如能借鉴宋明儒学之反身体察工夫本可大有补益，却因门户之见，不仅不得其益，反助长自身傲慢。以"醇儒"自命者，拾人牙慧以为"吾道自足"，甚者重启理学、心学之衅，狭小其心胸，自绝"上达"之路，终身落于阳明所贬斥的"世儒""俗儒"（实即孔子所斥之"小人儒"）而不觉。

今天所面对的问题，与宋儒当时相似，需要将失落的修身"旧路径"找出来，在新环境下接着走。这就要求，首先知人论世地了解宋儒的工夫路径，在此基础之上，继承其精神，借鉴其经验，走出适应时代、符合自身特性的新路。与古时相比，今天外部环境的变化可谓天翻地覆，人类文化的融合、科学的发达和思想资源之丰富，是前所未有的，同时人类文明危机、自然环境恶化之深重，也是空前的。与前贤相较，我们须具备更广阔的视野，置身于更完备的坐标系中，找到属于自己的那一条路。换言之，只有胸怀全局，参照他者，才能找准自己的位置；只有准确定位，了解自己，才能广泛借鉴，发生新的融合。

意犹未尽，再多说一句。上古以来，人类的历史似乎是天人逐代远离的过程，与此相应，精神修炼的工夫也由重他力转向重自力，从浑沦到精微，从天人相应到内观心性。所谓物极必反，当科技走上顶峰，环境急剧恶化，内心危机感极度飙升之际，天人关系或许会再度拉近，此时或有某种消息来临——倾听内心的声音，参照远古的神话，注重情意的浑沦工夫，乃至借助科技的幻化功能，或许可以熔为一炉，迎来千年未有的机缘……

五、丛书缘起

十几年前我入职出版社不久，注意到马一浮先生于 1940 年代主持复性书院期间刊印的"儒林典要"丛书，心有戚戚焉。

其时笔者正经历读书求学的转折期。负笈上海读博，专业从文学转到历史，还旁听了些哲学系的课，脑袋里塞了不少知识概念观点，但是对于中国文化总觉不得其门而入，另外内心深处一直藏着的那个动力——寻求一条精神超越之路——始终在鼓荡。因作博士论文的需要，一边细读阳明和门弟子相关语录，同时读到牟宗三《从陆象山到刘蕺山》，恍然有悟，认识到《传习录》等书本来就是修行工夫手册，正是士君子的上出之路，里面的师徒问答，无非是讨论走在这条路上的经验、疑难和风光。我的困惑迎刃而解，也找到了自己苦苦寻觅的人生方向。按此思路，将四书到宋明儒诸典寻绎一过，无不若合符节，种种疑难涣然冰释。同时从牟宗三上溯熊十力、梁漱溟、马一浮诸家，无不亲切有味。回顾现代新儒家四先生于我之帮助，牟、熊引领我切入儒佛义理系统；梁、马义理阐发各有精到之外，注重工夫实践，更能引发我的共鸣。

有此前缘，当看到马先生"儒林典要"诸书时，萌发一念：与我有类似困惑者当不在少数，推己及人，何不将这套书完整出版，一则为有缘人趋入传统学问提供便利，二则亦可实现马先生未完成的计划。

甫一着手，便发现两个障碍。首先需要确定书目。马先生 1939 年主持复性书院之初即有刻印群籍的计划，"儒林典要"为其中之一，当时正值战乱，典籍不备，计划也不断有所变化，需要在理解马先生思路的基础上根据当今现实需要加以调整。再者，需要为每本书寻找合适的导读者。这套书除了系统地推出宋明儒学著作之外，更重要的是帮助读者回到原典本义，读懂理出工夫理路、方法，并能在生活中实地运用验证，为此需要在书前各增加一个详细的导读，这是本丛书区别于其他整理本的主要特征。然而，以我当时的阅历范围，举目四顾，能当此任者实难其人。只好暂时搁置，自己求师访友之余，此念未尝或离。所谓念念不忘必有回响，多年以后，同道师友圈子却也逐步扩大，亦渐渐颇有愿意襄助此举者。现在终于可以逐步落实此事。

据马一浮先生《复性书院拟先刻诸书简目》（下称《拟目》），列入"儒林典要"初步计划的共有近40种（此外另有传记、年谱类六种列入"外编"），其中除少量文集外，大多是宋至清儒代表性的专书（包括语录）。此后马先生还约请与宋明儒学渊源甚深的钟泰先生（钟先生乃号称最后的儒家学派"太谷学派"之重要传人）整理了一份《儒林典要拟收明代诸儒书目》（下称《续拟目》；据钟先生《日录》"1945年10月7日"条，言将此"交湛翁酌定"，应为未定稿），共60余种，大多为文集。经查考，复性书院当年陆续刻印了"儒林典要"13种，均为宋明儒自著或经后儒辑注的专书，如周敦颐撰、明儒曹端编注的《太极图说述解》，罗近溪《盱坛直诠》等。寻绎马先生的辑编思路，当以能够代表著者的学问、体现其工夫的专书为主，文集之列入拟目者，盖因缺少该著者现成的专著，或文集本身篇幅不大，取其辑刻方便耳。①钟泰《续拟目》中，亦言明"文集虽存，而既有专著，求其学不必定于其文者"，则收专著不收文集（钟泰《续拟目》及《日录》见于上海古籍出版社 2021 年版《钟泰著作集》第 5，第 2 册）。

加之诸儒文集、全集如今多已有整理本出版，现在重新出版这套书，当淡化保存典籍资料之意，更为突出"工夫"之旨，故而本丛书仅取专书，并在确定书目上颇费斟酌：首先在复性书院已刻和拟刻书目中选取专书，又从正、续《拟目》所列文集中抽出重要的语录或专著，并参考马一浮《复性书院讲录》中所列必读书目，综合去取整

---

① 其中宗师大家则另出全集，而不列入"儒林典要"。马先生在《拟目》中说：周、二程、张、朱诸家全集"拟合为宋五子书别出，象山、阳明全集亦拟别出，以此七家并为巨子。其中以朱子书卷帙尤多，俱应用铅字摆板印行，不列入'典要'目中"。钟先生《续拟目》中多收明儒文集，或另有保存典籍的意思。

理而成，名之为"新编儒林典要"，以示继承先贤遗志之意。

如前所说，丛书"导读"的首要任务是引导读者回到工夫本身，兼以自身实践经验加以解说以供参考。为此，与每一位参加导读工作的师友"约法三章"：

一、除了作者经历、学问渊源和成书背景等内容之外，适当介绍圣贤气象，使读者兴起向往之心和亲切之感。

二、紧紧围绕实践工夫，从实地用功的角度提示具体的路径、方法。必要的话阐释基本义理，但也是为了说明工夫的原理，不能脱离工夫谈义理。

三、语言上须"去学术化"，不要写成"论文体"，尽量用日常语言，辅以通俗易懂的传统话语，不用或尽可能少用现代学术术语。

导读是重中之重，人选亦难乎其难，每书尽量做到导读与原典对应，在大旨无违的前提下尊重导读者各自的立场和风格。"君子和而不同"，导读者既为各自独立的修学者，经历、师承不同，其志趣、路径亦有差别；"弱水三千，各取一瓢饮"，导读者以自家眼光读解，读者各取所需可也。因笔者眼界所限，导读者队伍仍显单薄，随着丛书陆续出版，期待有缘者不断加入。因各书情况多有差异，丛书体例虽大致统一，亦不强求一律，总以符合读者需求、整理方便为量。

以上记其本末，不觉缕缕。世间事物的成立，不出感应之理，不外乎因缘二字；有一内在的起因，亦须有众缘和合。众缘的具备固自有其时节，不可勉强；所谓发心，本身亦有其感应因缘在，其理无穷。忽忽十数载，书终于面世，感喟何如！此后其与读者之因缘感应，亦无穷也，留待诸君各自品味。

刘海滨

2022 年 11 月 21 日，于海上毋画斋

导　读

林志鹏

一、立志发愿：寻个不叹气的人生活法

大明嘉靖八年（1529 年）九月的一日，天高气爽，远处行来一位弱冠年纪的男子和一位十三四岁的少年。他们是叔伯兄弟，刚刚去探望了一位卧病垂危的族中长者。少年道："这位老令公也算大富之家——高房大屋，衣食精美，童仆众多。为何见他总是叹气？依您看，咱们兄弟用功读书，将来中个状元，或者做到宰相，到时还会叹气吗？"兄道："就算那样，恐怕也难免。"少年应声道："既然如此，我们此生应当寻个不叹气的事做！"

这位少年，就是日后大名鼎鼎的"近溪先生"。

罗汝芳（1515—1588），字惟德，号近溪，江西南城人，弟子尊称为"明德夫子"，乃阳明心学"泰州学派"一系的代表人物。只因他发宏愿，立大志，一心要寻个"不叹气的事做"，矢志探究生命之学的真谛，最终成就一代儒门宗师。有大胸襟，斯有大格局；有大见识，斯有大树立。罗近溪少年立大志，足见其胸襟之广阔，令人想起王阳明的少年之事。《王阳明年谱》记云："先生于十一岁时，尝问塾师曰：'何为第一等事？'塾师曰：'惟读书登第耳。'先生疑曰：'登第恐未为第一等事，或读书学圣贤耳！'"其时王阳明年纪虽幼，但却志在天下万世，要追随孔子、孟子之后，走一条"为天地立心、为生民立命"的圣贤之路。他日后之所以能够开创心学一脉，独揭"致良知"之教，建立盖世功勋，实在不能不说由此一念灵明而奠定根基。"若有人眼大如天，还见山小月更阔"，"夜静海涛三万里，月明飞锡下天风"，"西家儿童不识虎，执竿驱虎如驱牛"，凡此不同时期、不同境遇下的诗词佳句，诚可谓真情布露、性灵发越，无不透显着一种大胸襟、大见识和大格局。

观罗近溪要寻个"不叹气的事做"，与王阳明立志做"第一等事",相形于言,默契于心,回响于隔代,昭著于史册,真有异曲同工之妙。他们用各自精彩的人生,诠释了什么是身心性命之学,什么是悟后起修、知行合一的觉悟者,什么是"不诚无物"的世间"真人"!中国传统的身心性命之学,由于罗近溪而臻于圆融成熟之境界。

要寻个"不叹气的事做",是一念坚纯,使自幼聪敏的他刻苦勤学、笃志力行,26 岁师从学者颜山农(颜钧,1504—1596),嘉靖二十三年会试高中后,自称"吾学未信,不可以仕",退居故乡十年,兢兢业业,念兹在兹,炼成一代儒宗、学林巨擘。

要寻个"不叹气的事儿做",是赤子良知,使他以儒为宗,悉心汲取佛、道修学精华,触类旁通,深造自得,数十年如一日宣讲实学工夫,随时随地点拨开示士民,必令其心开意解,得个实修下手处而后已。

要寻个"不叹气的事做",是终日乾乾,使他宦游多年却志不在功名富贵,"此乡多宝玉,从未厌清贫",历任太湖知县、宁国知府、东昌知府、云南道巡察副使,立乡约,修水利,兴农业,济人急难，造福地方，广受爱戴，终成一代清官名臣。

要寻个"不叹气的事做"，是性体澄湛，他主张以"不学不虑"之"良知良能"去"体仁"，倡导"明明德于天下"，并将日常修为落实在孝、弟、慈三个方面，一扫宋明理学的迂谨之气，深刻启发了杨起元、李贽、袁了凡、汤显祖等诸多学者，将根植于民间的泰州学派发扬光大，深刻影响了此后的文化走向。

二、为学进路：须怜绝学经千载，
　　不负男儿过一生

中国传统的身心性命之学，深耕厚植于儒释道文化土壤，在历代先贤的栽培灌溉之下，到了有明一代终于开出"阳明心学"的璀璨花朵。隆庆、万历年间，阳明心学因获得官方认同，遂风行草偃般地传播开来。而心学也像很多门派传承一样，"学焉各得其性之所近，源远而末益分"，在王阳明身后，塑造出斑驳陆离、五彩缤纷的学问光谱。"照耀着这时代的，不是一轮赫然当空的太阳，而是许多道光彩纷披的明霞"（嵇文甫语），罗近溪即是这些"光彩纷披的明霞"中耀眼夺目的一道。

（一）矢志圣学，苦心孤诣

十七岁时，罗近溪读到明代理学大家薛文清的名言——"万起万灭之私，乱吾心久矣，今当一切决去，以全吾澄然湛然之体"，心有戚戚焉，"若获拱璧，焚香叩首，矢心必为圣贤"。自此以后，他每日屏息私念，寸阴必惜，自立"功过格"，反思忏悔其日常言行，时时处处去除私欲，希冀克念作圣。然而一番动心忍性之后，仍感到"澄然之体未复"，于是进一步反求诸己，觉察到自己的"克私"工夫尚未到家，遂烧毁《克己日录》。次年，闭关临田寺密室中，在茶几上置一水盆，立镜一面，俟心静如水心明似镜时展书来读，但是"顷或念虑不专，即掩卷复习，习以为常，遂成重病"。有志于圣贤之路本是好事，为何造成这种结果？从心理学上讲，主要因为年轻的近溪"克除私欲，止息思虑"用功不得法，急于求成，反而违背了"勿忘勿助"的自然之道。正所谓欲速则不达，这种自我强迫发展到极致，由"心病"而最终引发了"身病"。所幸的是，近溪对自己的内心状况始终保持清醒的认识，他对父亲说，"儿病由内，非由外也，惟得方寸快畅，于道不逆，则不药可愈"。父亲于是取出王阳明的《传习录》，教以"致良知之旨"，近溪"阅之大喜，日玩索之"，病情好转。然而，其病虽有好转，但仍然沉滞不安，心中郁结不通，未能真正释然。这种状态持续数年之久，直至遇到老师颜山农，得到醍醐灌顶般的点拨。后来，近溪在晚辈弟子面前回忆自己苦心学道的经历时说："予三十年来，此道吃紧关心，夜分方得合眼，旋复惺惺，耳听鸡喔，未知何日得安枕也。"又说："予初学道时，每清昼长夜，只挥泪自苦。此等境界，予固难与人言，人亦莫之能知也。"若非一番寒彻骨，哪得梅花扑鼻香？如同王阳明一样，近溪之所以能够超越侪辈，达到炉火纯青的境界，也经历了"百死千难"的修学与顿悟过程。

（二）与其"制欲"，不如"体仁"

明嘉靖十九年，二十六岁的近溪参加会试失利后，在南昌闲游同仁祠，偶见泰州学派王艮的传人、著名儒者颜钧张贴的《急救心火榜》，宣称

"单洗思虑嗜欲之盘结，鼓之以快乐而除却心头炎火"，顿时感觉眼前一亮：这不正好为心火旺盛、不得解脱的自己开出一剂药方吗？于是，他急忙谒见颜山农，首先历数自己修心实践的种种实效——危急时刻，生死能不动于心；科举落第，得失能不动于心。令他诧异的是，颜山农对此不仅没有些许赞许，还一语道破自己的病灶所在。这是儒学史上的一番经典问答：

> 先生（颜山农）曰："是制欲，非体仁也。"芳问："克去己私，复还天理；非制欲，安能以遽体乎仁哉？"先生曰："子不观孟氏之论四端乎？知道皆扩而充之，如火之始燃，泉之始达。如此体仁，何等直截！故子患当下日用而不知，勿妄疑天性生生之或息也。"芳大梦忽醒，乃知古今天下，道有真脉，学有真传，遂心事之。

在颜氏看来，心体是纯一不二的，试图将其割裂开来是错误的。"制欲"工夫要求一分一毫、锱铢必较地克去人欲以复天理，其实是对本心本性的一种压抑。这种工夫，不能免于强制，而欲念东灭西生，终非究竟之道；只有体认良知本体，才能真正焕发良知本自具足的强大正能量。

从弗洛伊德的心理学角度分析，"制欲"是对自我之中的"本我"不悦纳，因为"本我"遵循快乐原则，追求快乐与欲望的满足，而"超我"追求道德与自我实现，心中的欲念被强行压制，"本我"的不满足感过于强烈。近溪妄疑自我之天性，窒息本然之体，所以"心火"旺盛。"自我"难以协调"本我"与"超我"的矛盾，从而引起心理上的强迫与行为上的偏执。颜氏看出病灶所在，因病施药，指出具体的对治之法，即不可强行制欲，转而以扩充"仁义礼智"四端为工夫，如此"体仁"工夫，才能达到"火之始燃，泉之始达"的效验。此语对于近溪而言，无异于当头棒喝，郁结心扉的问题因此得以化解。

后来，近溪又得到一位长者的点拨——"人之心体出自天常，随物感通，原无定执。君以凤生操持强力太甚，一念耿光，遂成结习。不悟天体渐失，岂惟心病，而身亦随之。"他于此深刻憬悟：圣人工夫诀窍，在于"扩充四端"，而非"强行制欲"；在于顺应自然，而非压抑本能。这一见地，使他彻底疏通了内心沉滞，心开意解，为学境界更上一层。自此以后，近溪以儒学典籍为修心之阶梯，志力专精，直探本源，大有"六经注我"之气概，悟出"易"之"生生"之道乃宇宙大化之本，以此汇通四书五经，孔子提倡之"仁"乃万物一体、万世一心，落实于日用之孝、弟、慈。从日记功过、屏息静坐，到"扩充体仁"的认知，再到去除梦中执念的省悟，近溪的修心过程经历了从事上修到从理上修，再由理上修到从心上修，得以层层递进，最终理事圆融，心体澄澈，实现了生命的自我转化与自我超越。

（三）登堂入室，接引来学

在数十年的宦游中，近溪一直孜孜不倦地致力于随处讲学，教化士民，践行孔子"德之不修，学之不讲，是吾忧也"的信条。万历五年（1577）致仕后，他不仅在家乡盱城"从姑山房"常年主持讲学，还参访同道，应邀参加讲会，足迹遍布大江南北，与另一位阳明心学巨擘王龙溪（王畿）一时瑜亮，时人遂有"龙溪笔胜舌，近溪舌胜笔"之谓。

作为阳明心学中一位特异而杰出的人物，近溪讲学如春行雷动，似满天花雨，能令素不识学之人，俄顷之间心地开明，仿佛道在目前。近溪讲孔子"求仁"之旨，讲孟子"不学而能""不虑而知"，讲王阳明的"致良知"之学，无不带有显著的超越灵明的特色，简易直接，单刀直入，达到了直指人心的教化效果。文学巨匠汤显祖早年曾经受到近溪点拨，毕生难忘其启迪教诲之恩。他回忆说："予童子时，从明德夫子游。或穆然而咨嗟，或熏然而与言，或歌诗，或鼓琴，予天机泠如也。"又说："如明德先生者，时在吾心眼中。"当时，更有学者这样描写近溪学而不厌、诲而不倦的情形——"七十余年间，东西南北无虚地，雪夜花朝无虚日，贤愚老幼、贫病富贵无虚人""虽百家有一善，拜受不遗；虽愚夫生一问，晓告必尽"。由此可见他讲学地域之广，听众之多，影响之大。近溪的难能可贵之处，在于他的讲学早已突破了学院派或士大夫的局限，他能够以平实简易却又明心见性、富有魅力的语言，将儒家精深奥义和修持之道深入浅出地推向民间社会和普罗大众，使来学者当下即有悟处，当下即有工夫下手处。他身为学界翘楚、士绅精英，念念不离社会责任，息息紧扣时代脉搏，向民间"说法"、向大众"说法"，传统君子家国天下情怀于斯可见，堪称"让孔夫子说寻常百姓话"的先驱典范。

有一个小故事可为佐证：近溪做太湖知县时，有位一贯蔑视道学的僚属将死刑犯带到他的面前，问："看此临刑之人，道学作如何讲？"近溪回答："他们平素不识学问，所以致有今日，但吾辈平素讲学，又正好不及他今日。"僚属质问缘由。近溪答道："吾辈平时讲学，多为性命之谈，然也虚虚谈过，何曾真切为着性命？试看他们临刑，往日种种所谓，到此都用不着。就是有大名位大爵禄在前，也都没干，只一心要求保全性命，何等真切？吾辈平日功夫若肯如此，那有不到圣贤道理！"其人闻此，不禁叹服。可见，正如门人所描绘的，"举以与人，若拂轻尘"就是近溪讲学的一大特色，表明他对人的点拨很接地气，擅长即景生情，能够轻松打透从精英到民间的畛域与隔碍。

晚明著名思想人物袁黄（号了凡，1533—1606）以其《了凡四训》闻名于世，并无长期从学近溪的经历，却自认深受近溪之学影响，并身体力行将近溪之学发扬广大。曹胤儒《盱坛直诠跋》记载："万历丙午初夏，不佞儒过了凡袁丈于吾苏之开元僧舍，相与扬榷斯学，盖溢志而尽其事已。袁丈曰：'迩来理学先生立言于世，没而不朽者，莫过于盱江近溪罗先生。先生近宗王文成，远溯程宗正，弘洙泗之风而悬诸日月……'"由此可见，了凡十分服膺、仰慕近溪之学，晚年尚有"相遇日疏"之恨。袁氏任职宝坻县令期间，在写给座师杨起元的书信中说："某自受官以来，轻徭缓刑，颇得民和。每朔望，群弟子员而授之经，讲《论》《孟》之遗言，而实示以现在之至理。生童之属，环明伦而观听者不下数百人，诵义之声达于四境，此皆先生（杨起元）及罗先生（近溪）之教也。"藉此，可见近溪之学在当时的传播盛况及其在学者心目中的地位之一斑。

三、自得工夫：千圣皆过眼，明德在我心

与杨复所并称"近溪门下二大佬"的曹胤儒（鲁川），长期追随其师左右，对于近溪之学有着深入体悟，因此颇受老师称许和同门推重。作为《盱

坛直诠》的纂辑者，他对近溪之学的形容可谓贴切而中肯。师徒之间有这样一段对话：

> 师（近溪）询儒（曹胤儒）新功。儒对曰："力量浅劣，然吾师分授家事，不敢不领受支持。"师笑曰："予分授家事何如？"儒曰："天地万物为一体，使天地万物各得其所为极致，所谓大学，所谓明明德于天下，是吾师之门堂阃域；老吾老及人之老，幼吾幼及人之幼，所谓仁义之实，所谓道迩事易，是吾师之日用事物；赤子不虑之良知、不学之良能，与圣人之不思不勉，天道之莫为莫致，是吾师之运用精神。"师笑曰："予虽无如许层折，然大段亦得，吾子勉之。"

在曹氏看来，近溪之学虽然宏大精深，但其"分授家事"（教授弟子的全部学问）仍然有其框架脉络——"明明德于天下"是"门堂阃域"；"老吾老及人之老，幼吾幼及人之幼"是"日用事物"；"良知良能"是"运用精神"。对于高第弟子曹胤儒的所见与评价，近溪是接受及许可的。沿着曹氏所讲的理路，吾人可将近溪学问之精粹作一简要概括。

（一）宗旨：明明德于天下

"简则有功，易则有亲；纤毫费力，尚隔一尘。""明明德于天下"源自《大学》，标示着古代先哲修身成人、经邦济世的宏愿。近溪讲学，尤其重视《大学》，喻之为"求仁全书"，认为该书是孔子之学的精髓。因为他热衷于对"明明德于天下"一章的宣讲，所以逝世之后，被弟子私谥为"明德夫子"。宋代大儒程明道曾以"浑然与万物同体"解孔子之"仁"，将"仁"的意蕴提升至前所未有的高度，将万物一体与仁爱精神两相统一，使万物一体具有了实现道德理想的方法论意义。近溪远祧宋儒传统，并将其运用于讲学的活动之中。

如何理解作为核心概念的"明德"？"明德"本来正如阳明所言——"良知之在人心，不但圣贤，虽常人亦无不如此。若无有物欲牵蔽，但循着良知发用流行将去，即无不是道；但在常人多为物欲牵蔽，不能循得良知。"（《传习录中》）可见，正是物欲的牵引和蔽塞，导致了良知的遮蔽，这也就是孟子所言的"放心"。故此，致良知就是一个逐渐去蔽，以"求放心"的过程。王阳明就此论说："故夫为大人之学者，亦惟去其私欲之蔽，以明其明德，复其天地万物一体之本然而已耳。非能于本体之外，而有所增益之也。"（《大学问》）他的基本信念是，致力于"大人之学"，就是要去除私欲的遮蔽，彰显心性的光明德性，以恢复天地万物一体之仁德。他还指出，良知本体自明，而每个人后天的气质不同，使良知因物欲的障蔽而导致无法呈露自身。良知从本然之明走向自觉之明，就必然需要"明"的功夫。近溪接续阳明之说，关于《大学》之"明德"，他是这样阐释的：

> "明德"犹烛也；"明明德于天下"，犹烛燃而举室皆明也。烛不足以明一室，烛非其烛矣；"明明德"而不能明天下，德非其德矣。如是而为"明德"，如是而为"大学"，此之谓"大人"。……《大学》一书，联属家、国、天下以成其身，所以学乎其大者也，然自"明明德"始焉。"明德"者，人之所不虑而知，其良知也。孩提之童，无不知爱其亲，无

不知敬其兄者也。老吾老以及人之老，长吾长
以及人之长，幼吾幼以及人之幼，而家、国、
天下运之掌矣。

可见，像阳明一样，他也认为"明德"这一天
性是大人和小人都具有的。小人的"明德"之所以
呈现不出只是因为私欲的间隔。"明德"扎根于天
命之性，是天生的，是"自然灵照不昧"的"一
体之仁"。此"明德"乃是就性与本心而言，心即
性也，故此"明德"即是心，即是性；"明明德"
的过程就是去掉自己内心自私的欲望，努力恢复自
己本体天性的光明德性。依照近溪之见，"明德"
本质即"良知"，"良知"是天地万物之本，"明
德"也是天地万物之本。按照这一逻辑，"致良
知"的极致也就是"明明德于天下"，因此，近溪
才有"明明德于天下为大，明明德于一身为小"的
说法。可以说，这是对阳明"明明德者，立其天地
万物一体之体"之说的发扬光大。

（二）实际：孝、弟、慈

"只从孝弟为尧舜，莫把辞章学柳韩。"孝、

弟、慈既是自古儒家先师一直强调的伦理原则，也是近溪所一贯奉行的践履工夫的具体落实之处。近溪看来，"孝弟慈"是人类社会的普遍原则。圣人所讲的这"三件大道理"，既是老百姓们过日子的法则，也是天子帝王自我修为表率的规矩，更是凡人得以跻身圣域的基本保证。《论语》中首先讲到"孝弟也者，其为人之本与"（《论语·学而》），孟子也有"尧舜之道，孝弟而已"（《孟子·告子下》）等说法。而"孝弟慈"三者并称，最早见于朱子所整理的《大学》文本，朱子在注解中说："孝、弟、慈，所以修身而教于家者也。然而国之所事君、使长、使众之道不外乎此。"可见，"孝弟慈"不仅适用于家庭伦理的构成即处理家庭内部的大小纷争，也同样适用于外部社会伦理原则的构建即对于国家大事的处理。依儒家之所见，"孝弟慈"的伦理原则所表达的不仅是一种自下而上的恭敬，还强调一种自上而下的慈爱。从某种意义上说，"孝弟慈"是对于普遍伦理性原则中的共同要素的认同和坚守，也是对于维系家庭、社会以及国家稳定的基本原则，更是对于"自无入有"之"率履"路径的最好诠释。近溪认为，无论是个人还是家、国、天下，从整体上来讲，都只是一个"孝弟慈"。从贵贱高下一齐的角度来看，无论是士绅还是百姓，作为最高伦理价值的"孝弟慈"未尝有所不同。可见，"孝弟慈"是一种"人人皆有"又"不容于己"的普遍道德情感。从融通的角度来看，这种在《大学》中"孝弟慈"的道德情感、道德践履与《中庸》中"天命不已"的道德天性及"敬畏不忘"的工夫把持，彼此相通，相互交融。惟其如此，《中庸》之德性也就在《大学》中得以凸显，而《大学》之"孝弟慈"也因《中庸》之德性而有了根基。

（三）运用：不学而能、不虑而知

心之所向，无远弗届。在近溪看来，人心是复杂多变的，单纯从"仁者人也"的角度去解释人的本心本性还不够彻底；只有恢复一个人诞生之初的"赤子之心"，才可以说是粹然至善、浑然天成的。人们日常生活中"慈爱""尽孝"等观念的也是自发的来源于人人都曾经历的"赤子之心"。更重要的是，由于赤子之心人人都可以经历这一经验上的特性，就使得人性之善的抽象观念能够得到具体的理解。在此基础上，近溪主张"现成良知"，强调良知本体是人人具足、个个圆满的。从本体和工夫关系的角度看，这其实是要求学者本体与工夫合一，换句话说，"当下即是"的良知便是"现成良知"。所谓"大人不失赤子之心"，并不是说只有"大人"才能够不失"本心"，而是说不失"赤子之心"的用工夫能自然而然地成为"大人"，否则便是对于"心"的偏见和成圣工夫的歧途。

四、关于《盱坛直诠》

据《近溪子文集》卷首所开列的《罗明德公文集书目》，罗近溪著作共计93种，其中未刻或已刻而佚的有75种，流传下来的有18种。

在近溪所有著述中，《盱坛直诠》是较为特殊的一部。这部书由"吴郡门人曹胤儒编次""东粤门人杨起元校正""新都后学程开祜重校"，在内容上囊括了近溪在不同时期、不同场合与同志学人、弟子门人之间的论学。此书堪称"罗门《论语》"，不仅仅就其"答问体"的体例而言，更是因为该书在相当大的程度上反映了近溪之学的精华。也正是这个原因，前辈学者对该书重视有加，认为其最能彰显近溪思想的特色与旨趣，或"一见是编，服膺不置"，由此可于近溪之学"睹其全而阐其奥"（杨起元），应当"亟梓之"（袁黄）。

《盱坛直诠》之于罗近溪，犹如《论语》之于孔子。罗近溪世居江西南城。南城于汉高祖五年（前202）始建县，因地处豫章之南，故而得名。又因居盱江下游，明代称之为"盱"。"盱坛"者，盱城讲坛也，用以代指罗近溪之学问。该书分为上下两卷，由罗近溪"吴郡门人"曹胤儒（1530—1613）编次、"东粤门人"杨起元校正并定名，委托程开祜等人重校并于万历三十七年（1609）刻行。

曹胤儒，字鲁川，江苏太仓人，隆庆、万历年间曾任福建龙岩县知县，精于地理、水利及兵法，著有《河渠考略》《握机经》《握机纬》等。关于他的史料不多，明人钱希言《狯园》所载一条云：

> 曹明府先生胤儒，自署石鼓山人。孝廉，为县颇著令绩。居乡讲学，亦崇佛典。生朝是九月二十八日癸丑岁，寿八十四矣。……及诞

之前二日，早起梳栉著巾，赋诗一章，冥然而逝。诗中有"绛宵鹤驭"之语，闻者知其脱然于去来……

曹氏潇洒去来的身姿，让我们联想到罗近溪临终之时的"此心廓然"，以及王阳明弥留之际所说的"此心光明，亦复何言"。从王阳明、罗近溪到曹氏，阳明学派的很多有成就者在面对死亡时都能做到超尘脱俗、洒然自适，不愧为深造自得的儒者风范。

据杨复所（起元，1547—1599）《盱坛直诠序》记载：

> 迩起卧疴罗浮，有友自吴中来，出鲁川丈所汇师门《直诠》一编，不佞盥而卒业，辄举手而加额焉。盖丈以时之为师学者，多影响于学乐而黏著夫当下，未有以睹其全而阐其奥，且有疑信吾师而未知所适从焉者，故揭此以为指南。丈之为意诚溥，而为心亦苦矣。

由此可见，曹胤儒编撰该书的初衷，主要是担心当时学者追捧罗近溪之盛名，对于其真正学问仅仅满足于道听途说，而未能窥其堂奥，了解其本来面目，所以把该书作为探究罗氏之学的进阶指南。在完成编撰后，曹氏首先将书稿交给罗近溪生前最为器重的学生、当时正在罗浮山养病的杨复所。

"盱坛直诠"之名为杨氏所定。程开祜在其《镌盱坛直诠序》记云：

> 先生没后，又幸得吴门鲁川曹先生羽翼表彰，发先生之奥旨，一时翕然向风。（曹胤儒）虑先生生平记录，分布杂出，学者罕见其全，况窥其要？于是汇辑诠次为一书，以示岭南杨太史。太史善之，定名曰"盱坛直诠"，而罗先生精蕴尽在是矣。友人手录是编，传于吾郡，祜见之叹曰："甚矣哉！曹先生苦心也。古圣绝学，非得盱江不振；盱江嫡派，非得吴门不传。是书所关系学人甚大！"乃亟取而授之梓，以见千古圣学之统。

需要指出的是，曹氏在编撰《盱坛直诠》时增加了不少他与罗近溪之间的论学问答，为《近溪子会语》等书所无；尤为难能可贵的是，该书下卷刊载了曹氏听罗近溪弟弟罗汝贞所述其兄"生平行实"、参以自家见闻而作罗氏事略，相较于其他罗氏传记更加详尽。

曹胤儒所作于万历三十七年（1609）的《盱坛直诠跋》，详细地叙述了刊刻该书的缘由。据载：

> 万历丙午初，不佞儒过了凡丈于吾苏之开元僧舍，相与扬榷斯学。……不佞遂出暇日手所编《盱坛直诠》邀为校之，是亦有意存焉。袁丈袖之曰："俟予卒业而更谋之子也。"越三四昕夕，袁丈过予石鼓草堂曰："予反复是编，恍如挹罗先生之音容，而下风其馨欬也者。杨师所谓若泛巨溟而游清都，匪虚也。今予亦无庸校矣，曷不亟梓之以公之人。"不佞诺之，徐与社中文所冯丈、吴西叶丈、省余黄丈、又玄尤丈商之，皆以为然。乃摭其緐跋之，转而授之新都程君仲秩，仲秩盖服膺是编者。

由此可知，曹氏于万历三十四年（1606）在苏州开元寺拜会袁了凡，袁氏对于罗近溪的学问素所钦仰，并透露他对罗氏之学的了解，得益于其座师杨复所。曹氏遂将自己编纂的《盱坛直诠》请袁氏校阅。袁氏反复读过之后，表示极其赞赏，并未进行改动，希望尽快付梓。

本书所据版本为民国三十一年（1942）马一浮复性书院"儒林典要"本。1939年马一浮创立复性书院，提出书院"刻书与讲学并重"，主张"多刻一板，多印一书，即是使天地间能多留一粒种子"。他在《重刊盱坛直诠序》中谈到，其友人得程开祜所刻《盱坛直诠》，"手写以见贻，藏之累年，幸未散失。今因书院续刻'儒林典要'，遂付之梓，以饷学者"。该本影印版，曾由台湾广文书局于1967年至1996年间四度印行，但略去了书首的马一浮序。

数年前承蒙孙海燕兄以广文书局影印本《盱坛直诠》相赠，我朝夕翻阅而不忍释手，反复诵读而不忍释口，由衷感叹：中国传统的身心性命之学尤其是阳明心学到了"二溪"（龙溪王畿以及近溪）这里，真是登峰造极、如入化境！本来，《盱坛直诠》的"对话"体裁，颇能够令读者感受斯人一段精神气象溢于纸面；而近溪语言极具魅力，其阐发孔孟之道，如同"自家屋里人说自家屋里话"，数百年下尤觉亲切有味、余音不绝。鉴于今人阅读繁体竖排影印版有所不便，今据复性书院刻本改为简体字、点校并加导读，自知水平有限，恳请方家指正。

重刊盱坛直诠序

马一浮

　　濂洛关闽诸贤，所以直接孔孟者，为其穷理尽性，不徒以六艺为教，敷说其义而止也；其兼总条贯，为群经传注，有近于义学，视汉唐说经之轨范为进。若乃酬机接物，不主故常，其言行足以动天地、通神明，则与禅宗大德同功而异位，此未易为执言语、泥文字者道也。如明道似禅，而伊川则邃于义；朱子谈义特精，而象山长于用禅。其实门庭施设，则义为大；入理深谈，则禅为切。所谓始条理者，智之事；终条理者，圣之事。岂有二哉？儒佛相非，禅义相薄，此皆临机对治，一期药病之言。心性无外，得其一，万事毕。冥符默证，唯此一真。大用现前，不存轨则，岂名言所能域？将何名为义，何名为禅？世之纷然持异同者，不解古人机用之妙耳。

象山后有阳明，阳明后有近溪，而直指之道益显，实原于明道识仁之说。《大学》之"明明德于天下"，《中庸》之"率性谓道"，至是阐发无遗蕴矣。然自象山、阳明，其于义学时或稍疏，不及朱子之密，此不足为象山、阳明病，末流承虚接响，或至捐书废学、务口说者有之。夫一理浑然，泛应曲当，不思而得，不勉而中，是圣人境界。凡民私意未起，计较未生，固与圣人同此心体；然一翳在目，天地易位，其日用之差忒者，气昏而习蔽之也。若谓不假工夫，本无欠少，则有执性废修之失。一往而谈，见处未的，依旧业识茫茫，无本可据，此又学者所不可不审也。

近溪此书，传本不易觏，其中出门人记录，亦有稍疏于义者；然大体善启发人，使闻者直下认取自心，豁然无滞，实具活人手段；而于天地万物一体之理，昭昭然揭日月而行，可以祛沉霾阴翳之习，尤今日所亟宜提持者也。吾友兰溪叶君左文，得程开祜刊本，手写以见贻，藏之累年，幸未散失。今因书院续刻《儒林典要》，遂付之梓，以饷学者。嗟乎！世变如此其亟，求书如此其难，今后亦未知能刻几何？故不复预定其目，姑出此书，聊以自塞，兼谢故人。辄赘数语于简端，知我罪我，一任后人论量。

中华民国三十一年八月马浮识。

盱坛直诠序

（明）杨起元

　　不佞起遇吾师近溪先生也晚。盖师倡学于海内有年矣，起之有所闻，实得之文塘黎丈。起之晤黎丈，如获拱璧也。既而面证于吾[①]师，所谓鱼水，所谓时雨，真沛乎其纵大壑，而泠然其御长风矣。时即知有吴郡鲁川曹丈，为同门上首，而未之觌，嗣于师《荣哀录》中见丈之所称述，意其蕴藉之深也。万历丙申，起以贰容台至留都，师门诸友前后来会，鲁川丈亦俨然临之。语数日夕，殊悦我心。

---

　　① 本文此下原缺，而加按语云："此为杨复所序，叶君据程刻本转写。原书脱烂，仅存此数行。"今据明万历四十五年佘永宁刻杨起元《证学编》卷四所收此文网络版本杨起元序补。

嗣后时相促膝，馨吾师之所传者为起道之，起益若泛巨溟而游清都，诚有闻所未闻者焉。盖文塘丈之所得迩易而直截，鲁川丈之所得宏深而莹彻，虽均之饮河，均之出蓝，而鲁川丈之于吾师，若有所默授而别传也者。不佞亦何幸，向未得之于师者，今得之于曹丈也。

迩起卧疴罗浮，有友自吴中来，出鲁川丈所汇师门《直诠》一编，不佞盥而卒业，辄举手而加额焉。盖丈以时之为师学者，多影响于学乐，而黏著夫当下，未有以睹其全而阐其奥，且有疑信吾师而未知所适从焉者，故揭此以为指南。丈之为意诚溥，而为心亦苦矣。起菲浅，何足以知师，敢因丈之所诠者告诸同志，庶几乎有如挹吾师之音容而聆吾师之謦欬者，其在斯欤！其在斯欤！新安佘生永宁、周生之训辈，私淑吾师，一见是编，服膺不置，亟请付梓。不佞爰书数语弁之，俾吾师之道如日之中，而为有目者所共瞻云。

镌盱坛直诠序

祜少未闻学，幸得逢一二良友，乃稍稍知所向方。每欲汇辑古先圣大训格言可为入道之门者，传之人人，俾往者不至漫没，而来者有所缵继。久闻盱江近溪罗先生者，我昭代大儒也，其学独得宣圣之大，以明明德于天下为宗旨，以孝弟慈为实际，以不学不虑之知能为运用。历官守令、藩臬，阜成安攘，悉奏肤功。更惓惓以讲学作人为务，无论潜见，罔非此事，周游商证，通人求友，足迹遍海内。随处有会，会必累日，至者日加众。凡所开发，闳朗直截，惬当人人心，闻者感动奋发。所纪《会语》《会录》，无虑数十百种。每以太祖高皇帝《圣谕六言》为诸人士敷宣阐释，尝曰："我太祖

1

圣谕，直接尧舜之统，学者能时时奉行，即熙然同游于尧舜之世矣。"斯志也，所谓祖述宪章、不厌不倦者，非耶？

先生没后，又幸得吴门鲁川曹先生，羽翼表彰，发先生之奥旨，一时翕然向风。虑先生生平记录，分布杂出，学者罕见其全，况窥其要。于是汇辑诠次为一书，以示岭南杨太史。太史善之，定名曰《旴坛直诠》，而罗先生精蕴尽在是矣。友人手录是编，传于吾郡，祜见之，叹曰："甚矣哉，曹先生之苦心也！"古圣绝学，非得旴江不振；旴江嫡派，非得吴门不传。是书所关系学人甚大，乃亟取而授之梓，以见千古圣学之统。惟此精神贯通，继往开来，愿览者悉同此普心云。

新都后学程开祜仲秩甫撰。

上 卷

1. 建昌文塘黎子允儒携先师《近溪子集》及诸《会语》，访复所杨少冢宰于罗浮。少宰展卷读竟，自谓：“忽觉超然脱系，翩然出樊，纵步于莽苍广漠之墟而翻飞于九万里之上。”然后叹曰：“道其至矣乎！”而为之颂曰：“简则有功，易则有亲；纤毫费力，尚隔一尘。”然而益知此学之为难也已。

2. 或问：“《大学》一书，吾人入道全功，最当急于讲求者，其宗旨何如？”近溪子罗子曰：“孔子之学，在于求仁，而《大学》即是孔门求仁全书也。盖仁者‘浑然与物同体’，故大人联属家、国、天下以成其身。今观‘明明德’，而必曰‘于天下’，则通天下皆在吾明德中也，其精神血脉何等相亲？说'欲明明德于天下'，而必曰'古之人'，则我之'明德''亲民'考之帝王而不缪也，其本末先后尚何患其不'止至善'也？细玩首尾，只此一意。故此书一明，不惟学者可身游圣神堂奥，而天下万世真可使之物物各得其所也。大哉仁乎，斯其至矣！"

3. 近溪子曰："'明德'犹烛也；'明明德于天下'，犹烛燃而举室皆明也。烛不足以明一室，烛非其烛矣；'明明德'而不能明天下，德非其德矣。如是而为'明德'，如是而为'大学'，此之谓'大人'。"

4. 子曰："孔门宗旨，在于求仁。'仁者，人也'，天地万物为一体者也，人以天地万物为一体则大矣。《大学》一书，联属家、国、天下以成其身，所以学乎其大者也，然自'明明德'始焉。'明德'者，人之所不虑而知，其良知也。孩提之童，无不知爱其亲，无不知敬其兄者也。老吾老以及人之老，长吾长以及人之长，幼吾幼以及人之幼，而家、国、天下运之掌矣。故曰：'大人者，不失其赤子之心者也'"。

5. 问："《大学》'明德'、'亲民'还易训解，惟'至善'之止则解者纷纷，竟未能惬人意，何也?"子曰:"规矩者，方圆之至也;圣人者，人伦之至也。只识得古圣为'明''亲'之'善'之至，而'明德'、'亲民'者所必法焉，则《大学》一书从首贯尾，自然简易条直而不费言说也已。"

6. 问:"'古之欲明明德于天下者'，可即是'至善'否?"子曰:"此'古者'的有所指，即尧舜是也。故曰:'克明峻德，以亲九族，九族既睦，平章百姓，协和万邦。黎民于变时雍。'此即是天下之本在国，国之本在家，家之本在身;物之本末，事之终始，知所先后，而不乱者也。是为明明德、亲民之至善，足为万世之格则，而万世诚、正、修、齐、治、平者之所必法焉者也。"

7. 问:"《大学》篇名现存《礼记》，不知此篇与礼何关?"子曰:"礼有经有曲，世人辄指一事一时言礼者，皆曲而非经也。若论礼经，则真是天之经、地之义，纲纪乎人物，弥纶夫造化，必如《大学》规模广大，矩度森列，而血脉精神周流贯彻，乃始足以当之。其间字字句句，虽笔之孔子，而非始于孔子，盖孔子一生要仁天下、仁万世，既竭心思于是，必继之以先王之道，而仁始足以覆天下万世矣。故'述而不作，信而好古'，六经皆是此意。而《大学》独曰善之至、曰物之格者，则尤是六经之精髓，而为礼之大经、仁之全体也。学者漫谓本心自足，而辄以意见仿佛为之，家、国、天下得其平焉者罕矣！"

8. 问："古圣至善，亦只是'父子兄弟足法'，则孩提爱亲、敬长，恐人人原自具足，何必切切焉谓当求诸古圣也哉？"子曰："'中庸其至矣乎！民鲜能久矣。'夫'至'本'中庸'，即愚夫愚妇可以与知、与能者也；'至'久'鲜能'，却是圣人亦是所不知、不能，而必俟夫聪明圣智达天德者也。故曰：'上天之载，无声无臭。至矣！'夫此中庸之'至'，能于下愚而又神于天载，神于天载而亦能于下愚。则此时心体，果是四端现在。然非圣修作则，便终扩充不去。守规矩而为方圆，夫岂不易简也哉？若只徒求书中陈迹，而不以知能之良培植根苗，则支离无成，与径信本心者，其弊固无殊也已。"

9. 子曰："人之所以为'大'者，非大以身也，大以道、大以学也。学大则道大，道大则身大，身大则通天下万世之命脉以为肝肠，通天下万世之休戚以为发肤，疾痛疴养更无人我而浑然为一，斯之谓大人而已矣。"

10. 子曰："《易》云'知始''知至'，《语》云'知德''知命'，《中庸》云'知天'，孟子云'知性'，程子曰'识仁'，此与《大学》所云'格物'，其义一也。且所谓'物'，孟子先言之矣，曰'万物皆备于我'矣。"

11. 问《大学》宗旨。子曰："孔门此书，却被孟子一句道尽，所云：'大人者，不失赤子之心者也。'夫孩提之爱亲是孝，敬兄是弟，未有学养子而嫁是慈。此之孝弟慈原人人不虑而自知，人人不学而自能，亦天下万世不约而自同者也。今只以所自知者而为知，以所自能者而为能，则其为父子兄弟足法而人自法之，便唤做'明明德于天下'，又唤做'人人亲其亲长其长'而'天下平'也。此三件事从造化中流出，从母胎中带来，遍天遍地，亘古亘今。试看此时薄海内外，风俗气候，万有弗齐，而家家户户谁不以此三件事过日子也？只尧舜禹汤文武，便皆晓得以此三件事修诸己而率乎人，以后却尽乱做，不晓得以此修己率人，故纵有作为亦是小道，纵有治平亦是小康。不知天下原有此三件大道理，而古先帝王原有此三件大学术也。故仲尼将帝王修己率人的道理学术既定为六经，又将六经中至善的格言定为《大学》，以为修己率人的规矩，而使后之学者于物之本末、事之终始，知皆扩而充之，老吾老及人之老，长吾长及人之长，幼吾幼及人之幼，家家户户共相敬爱，共相慈和，虽百岁老翁，皆嬉嬉然如赤子一般，便唤做雍熙太和而为大顺之治，总而名之曰'大学'也已。"

12. 子曰："吾人此心，统天及地，贯古迄今，浑融于此身之中，而涵育于此身之外。其精莹灵明而映照莫掩者，谓之精；其妙应圆通而变化莫测者，谓之神。神以达精，而身乃知觉，是知觉虽精所为，而实未足以尽乎精也；精以显神，而身乃运动，是运动虽神所出，而实未足以尽乎神也。古之欲明明德于天下者，其心既统贯天地古今以为心，则其精神亦统贯天地古今以为精神。故其耳目手足、四肢百体，知觉固与人同，而聪明之精通而无外者，自与人异；运动虽与人同，而举措之神应而无方者，自与人异。夫是以为人之圣善之至、学之集大成而万世无复加焉者也。"

13. 子曰："孔门宗旨，只要求仁，究其所自，原得之《易》，又只统以'生生'一言。夫不止曰'生'，而必曰'生生'云者，'生恶可已'也。'生恶可已'，则易不徒乾乾而兼之以坤，坤不徒坤坤而统之以乾。蟠天薄地而雷动满盈，形森色盎而霞蒸赫绚，横亘直达，邃入旁周，固皆一气之运化而充塞乎两间。然细观此气之流行布濩，节序无不停妙；缊絪媾结，条理无不分明。则气也，而实莫非精之所凝矣。精固妙凝一气，而贯彻群灵，然究竟精气之浩渺而无涯，妙应而无迹，莫之为而为焉，莫之致而至焉。则气也、精也，又莫非神之所出矣。兴言至此，则下至九地，上至九天，中及万民，旁及万物，浑是一个'生恶可已'，浑是一个'神不可穷'。"

14. 子曰："孔子曰：'心之精神是谓圣。'解者曰：'圣也者，通明者也。'又曰：'圣也者，神明而不测者也。'天下古今，岂有神而不明者哉？抑岂有神而不通者哉？明则无不知矣，通则无不能矣。明通皆自神出，则空洞绝无涯畔，微妙迥彻纤毫。藏用于溥博渊泉，而实昭然圣体，天也，而未尝与人异也；显仁于语默云为，而实总是天机，人也，而未尝与天殊也。"

15. 子曰："盈天地之生，而莫非吾身之生；盈天地之化，而莫非吾身之化。冒乾坤而独露，亘宇宙而长存。此身所以为极贵，而人所以为至大也。"

16. 问："《大学》以修身为天下国家之本，如何方是修身？"子曰："致良知则修其身矣。"曰："如斯而已乎？"曰："致良知，则家齐、国治而天下平矣。夫良知者，不虑不学而能爱其亲、能敬其长也。故《大学》虽有许多工夫，然实落处只是'上老老而民兴孝，上长长而民兴弟'。故'上老老'、'上长长'，便是修身以立天下之大本；'民兴孝'、'民兴弟'，便是齐治平而毕修身之用也。天德、王道一并打合，便是孔子平生所志之学；其从心不逾之矩，即此个絜矩之道是也。统而言之，却不只是一个'致良知'耶？故曰'古之欲明明德于天下'，而《大学》之道备矣。"

17. 问："孔子'吾十有五而志学'章其旨何如？"

子曰："古书中言'道'虽多，至'学'之一字，则间或见之，惟是吾夫子则专志平生而论学不辍；古之圣人成道虽多，如清、任与和，各以资质所近而力造其极，惟是吾夫子则述而不作，必求隆古至圣而学之，故曰'吾十有五而志于学'。此章幸得晦庵朱先生又能默而识之，其注疏云：'学者，大学也。'夫谓曰'大学'者，所以学乎其大者也。夫子平生，亟称至圣者惟是文王，亟称大圣者惟是帝尧，则其所祖述、其所宪章，竭精会神以学之者，非二三圣人而何哉？

"夫惟道之极其至、道之极其大，则阃域幽遐、境界浩荡，虽其性灵天纵，而求以主张负荷，卓然屹立于宇宙之中也，须到三十而后能之，即今《大学》圣经首言道在'明明德'、'亲民'、'止至善'，'知止'而后'定''静''安'也。'定'而且'安'，非志之既立而何哉？自此之后，则于古圣信好愈益精专敏求，愈益奋励，以此而'诚意'，以此而'正心'，以此而'修身'，以此而'齐''治''平'，亦以此而'明明德于天下'。物则本末兼善，事则终始浑全。不惟放勋之睦族平章、光格上下，文德之刑于友善、运掌化成，若合符节而先后一揆；即遍考三王，俟圣百世，不外十年而俱可'不缪''不惑'也已。想象吾夫子于此二十余年，精神意气，近而本诸其身以有立，远而征诸今古以不疑。世道之经常、人情之懿好，联属统同，通天下、国、家而为一己。所谓'仁者人也，亲亲为大'，已是融通透彻，一以贯之而无入不得矣。'忠恕'，求仁之宗，的确必在此时。至于'假我数年，五十以学《易》'，而犹言可'无大过'，则又以此'学'。大至范围天地，难免无过，今考《易经》卦象于'大过'，则曰'君子以独立不惧'，却是圣人以天自处之实际。所谓天命'于穆不已'，圣人亦'纯而不已'。不惟中心安仁，天下一人，而且时乘六龙，统天独御也。故赞《易》首言'大哉乾元，万物资始'，'至哉坤元，万物资生'。可见上律下袭，与祖述宪章，总是吾人一个'学'，学总是一个'大'。范围天地固自不过，曲成万物亦自不遗。而子思子极其形容，则曰：'譬如天地之无不持载，无不覆帱；譬如四时之错行，如日月之代明'；'道并行而不悖，物并育而不害'；'小德川流，大德敦化，此天地之所以为大也'。故'不惑''知命'，始是学《大学》之到家去处；此后'耳顺''从心'俱是学《大学》之到家的征验去处。但'耳顺'是感乎其外，而顺以应之，无非此'学'此'大'也；'从心'是动乎其中，而广以运之，无非此'学'此'大'也。

　　"盖《大学》只是'明明德''亲民'；明亲之实，只是絜矩上下前后左右，'老吾老以及人之老'，'长吾长以及人之长'，'幼吾幼以及人之幼'。恻怛慈爱之真，盎然溢于一腔；诚感神应之妙，沛然达诸四海。吾夫子学至此时，果是大人、赤子，念念了无二体；圣心、天德，生生纯是一机。随众问辩，其所酬答，更无非此个孝弟慈；随机感触，其所好欲，亦无非此个孝弟慈。即如子路问志，便曰'老者安之，朋友信之，少者怀之'；子贡问仁，便曰'己欲立而立人，己欲达而达人'。要之，'耳顺'只是一个'絜矩'，'欲不逾矩'，又岂不只是一个顺应也哉？如此以观吾夫子，其志方为大志，其仁方为纯仁，而其圣方为至圣也已。"

　　18. 问："夫子十五而志于学，学何学也？"子曰："学以成乎其人者也。故圣门宗旨，的在求仁，而曰'仁者人也，亲亲为大'。夫人生之初，则孩提是矣；孩提所知，则爱其亲、敬其长焉是矣。爱敬不失其初，则举此加彼，自可达之人人，联属家、国、天下以成其身，人曰'大人'，学曰'大学'矣。然则吾夫子七十从心不逾之'矩'，其即所谓'絜矩'之'矩'，而曰'老者安之，朋友信之，少者怀之'，正将运斯世之矩于其掌，而毕所学之志于其初者也。"

19. 子曰："孔氏之学，学仁也，仁则焉学哉？夫'仁者人也'，能仁夫人，斯人而仁矣。是故我与物皆人也；皆人，则皆仁也；皆仁，则我可以为物，物可以为我；是通天下万世而为一人者也。通天下万世而为一人，是人而仁矣。"

20. 问："孔子自'志学'以至'心不逾矩'，'矩'是何物？"子曰："朱子云'学'即'大学之道'，则'矩'即'絜矩'也。盖'大学之道，在明明德'。明德之本来明者，即爱亲敬长、不虑而知、人皆无不有者也。'老吾老以及人之老'，而莫不兴孝；'长吾长以及人之长'，而莫不兴弟；即明德之达诸天下，而人人亲其亲、长其长、治且平焉者也。大人之所以与天地合德，与日月合明，以至凡有血气者，莫不尊亲，岂复有他道哉？孔子生知安行，初年即有此意，但世界浩荡，常恐主持不去，而群言淆乱，又虑精一之难，故用力至五十，乃浑是不虑不学之体，而天命我知矣。以后受用，即孟子所谓'乐则生'，'生则恶可已'，'恶可已则不知足之蹈之、手之舞之'者也。故此学只孔孟相符，至汉以后，俱绝响矣。"

21. 子曰："孔子十五而志于学，是'大学'也。大人之学，必联属家、国、天下以为一身，所谓'明明德于天下'也。今世上有志之士，或是功业，则功业成而心亦可了矣；或是道德，则道德成而心亦可了矣。惟孔子以天下人尽明其'明德'，方为自己'明明德'，此则竭尽平生心思，费尽平生精力，事必竟是成不得；事竟不成，则心竟不了；心竟不了，则'发愤忘食'，亦竟至老而'发愤忘食'不了也已。"

22. 问："立身行道，果是何道？"子曰："'大学'之道也。《大学》明德、亲民、止至善，许大的事，也只是立个身。盖丈夫之所谓身，联属家、国、天下而后成者也。如言孝，则必'老吾老以及人之老'，天下皆孝而其孝始成，有一人不孝，即不得谓之孝也；如言弟，则必'长吾长以及人之长'，天下皆弟而其弟始成，苟有一人不弟，即不得谓之弟也。是则以天下之孝为孝，方为大孝；以天下之弟为弟，方为大弟也。"曰："若如此说，则孔子孝弟，也不曾了得？"曰："吾辈今日之讲明良知，求亲亲、长长而达之天下，却因何来？正是了结孔子公案。"曰："若如此说，则吾辈亦未必了得。"曰："若我辈真是为着孔子了公案，则天下万世，不愁无人为吾辈了也。即此可见圣人之心，只因他不自以为了，所以毕竟可了；若彼自以为了，则所了者，又何足以言了也？吾人学术大小，最于世道关切，大家须猛省，猛省！"

23. 问："吾儒之学，其大如此，然必有所以大处，不知何以见得？"子曰："圣贤之道，原从心上觉悟，故其机自不容已。否则矫伪而为之，又安能可久、可大而成天下万世之德也耶？孟子曰：'万物皆备于我，反身而诚，乐莫大焉。'盖反求此身，本有真体，非意见、方所得而限量，潜于天地万物之中，而超于天地万物之外，浑然共成一个，千古万古更无能间隔之者，却非'皆备于我'而何哉？程子谓'认得是我，何所不至'。若以己合彼，则犹是有二，又安得乐？抑又安能联属天下、国、家以成其身也耶？"

24. 子曰："吾人此身，与天下万世原是一个，其料理自身处，便是料理天下万世处。故圣贤最初用功，便在日用常行；而日用常行，只是性情好恶。我可以通于人，人可以通于物，一家可通于天下，天下可通于万世。故曰：'人情者，圣人之田也。'此平正田地，百千万人所资生活，却被孟子一口道破，说道'人性皆善'。若不认得日用皆是性，人性皆是善，荡荡平平，了无差别，则自己工夫先无着落处，又如何去通得人、通得物、通得家国而成'大学'于天下万世也哉？"

25. 问"学而时习之"一章。

子曰："吾夫子生平敏求学古，独是《易经》得力，首赞之曰：'大哉乾元，万物资始；至哉坤元，万物资生。'及透悟将来，却统而言曰：'生生之谓易。'又曰：'元者，善之长也'，'君子体仁，足以长人'。至是，天地物我浑成一个，其根心积虑，固恻隐满腔；而启口容声，亦了无间别。于是其为学也，其为教也，皆是以仁为宗。吾夫子此个宗旨，既原得诸《易》，而《易》则原本诸天，天何言哉？极究其体，则止是时行而不息；博观其用，便是物生而不穷。夫惟其有得于时行之妙乎不息也，故语'学'则曰必以'时而习之'。习能如时，则心自悦之。盖天人虽远，机则潜通，故视听言动、食息起居，其施诸四体，而应乎百感。自孩提以至老耄，固皆时时变通，亦皆时时妙运。但非学则日用而不知，能学则乘时以习熟。夫习熟乘时，则其妙运愈见；其妙运愈见，则其默契愈深。而晦庵先生所谓'其进自不能已者'，固足形容其悦怿之机，而亦可想像其当可之妙矣。吾夫子平生自述其'学而不厌'者，不开卷而即了了也哉！

"夫学则乃尔，而为教亦然。盖惟其有得于天之物生而妙乎不穷也，故朋来必曰'自远方'；朋自远来，则其心不止于'悦'，而必曰'乐'矣。此意惟孟子最善形容，曰'独乐不若与人'、'与少不若与众'。盖'天生烝民，有物有则，民之秉彝，好是懿德'。夫物则何间于人哉？均此视听言动，均此食息起居，亦均此施诸四体而应乎百感，所以谓之'帝则'，又谓之'天则'。德虽天然自有，然以时出之，乃称懿美；而人之好之也，自同一'秉彝'也已。悬想吾夫子，初去'博学于文'，而忽悟《易经》'时习'去处，极其欢欣踊跃。故即一鄙夫相问，已是两端必竭，况人多信从，而至于远方友朋，亦皆毕集。晦庵先生所谓'德之所被者广而道之所传者久'，则人固悦乐乎我，我尤悦乐乎人，盎然宇宙之中，浑是一团生意。吾夫子平日自述其诲人不倦者，又不可触类而长哉？

"夫'时习'而悦，已是可知于人；朋来而乐，又果是相知者众。此而不厌不倦，犹未见其极处，其或行修谤兴、德高毁来，而人不我知，却又能'不愠'，始表其为君子也。但'不愠'二字，今之为说者，皆云君子儒为己，故人虽不知，而其心漠然无所动于中。如此说'不愠'，虽亦有理，而实则不然。盖圣人之所谓'己'，是联属天下以成其'己'，岂止天下，即万世亦欲其相通而无间也。故曰：'不患人之不己知，患不知人也。'又曰：'行有不得者，皆反求诸己，其身正而天下归之。'然则所云'不愠'者，只是不敢尤人，而不患人之不己知尔；至'反求诸己'以求为可知，则不至天下皆归、万世皆通，必不已矣。盖委咎乎人，则自己用功斯缓；不愠乎人，则自己反求斯切。况吾夫子以仁为宗，则时时只见其妙于生，物物只见其同于生，统天彻地，贯古贯今。譬则身躯脉理，更无尺寸不联念虑，亦不忍尺寸不爱且养；间或手足痿痹，痛痒不知，决不愠而弃之，而必针砭药饵，汲汲皇皇，务醒觉而开通之也。如此方是

'诲人不倦'的极处，亦是'学不厌'的极处；不厌、不倦，方是仁其身以仁天下万世的极处。不曰君子之德之成哉？"

26. 子曰："'《易》有太极'，是夫子赞《易》之词，非《易》之外又有个太极悬在空中也。即如周子云'无极而太极'，亦非太极之外又有个无极悬在空中也。"曰："《易》之外固非别有太极矣，然《易》何以便谓之太极也？"曰："窃意此是吾夫子极深之见，极妙之语也。盖自伏羲、文、周三圣立画显象之后，世之学者观看，便谓太虚中实实有乾坤并陈，又实实有八卦分列，其支离琐碎，宁不重为斯道病耶？故夫子慨然指曰，此《易》之卦象，完全只太极之所生化。盖谓爻象虽多，均成个混沌东西也。若人于此参透，则六十四卦原无卦，三百八十四爻原无爻；而当初伏羲仰观俯察、近取远求，只是一点落纸而已矣。此落纸的一点，却真是黑董董而实明亮亮，真是个圆陀陀而实光烁烁也。要之，伏羲自无画而化有画，夫子将千画而化一画，又将有画而化无画也已。"

27. 子曰："'天命之谓性'，正孔子所谓'默而识之'，所谓'知天地之化育'，又所谓'五十学易''知天命'者也。盖伏羲当年，亦尽将造化着力窥觑，所谓仰以观天，俯以察地，远求诸物，近取诸身。其初也，同吾侪之见，谓天自为天，地自为地，人自为人，物自为物。争奈他志力精专，以致天不爱道，忽然灵光爆破，粉碎虚空，天也无天，地也无地，人也无人，物也无物，浑作个圆团团、光烁烁的东西，描不成、写不就，不觉信手秃点一点，元也无名，也无字，后来只得唤他做'乾'，唤他做'太极'也。此便是性命的根源。三代圣人如文王、周公俱尽心去推衍拟议；及到孔子，又加倍辛勤，韦编之坚，三度断绝，自少而壮、而老，直至五十岁来，依然乾坤混沌、贯通一团而曰'天命之谓性'也。居常想像，吾夫子此言出口之时，真倾泻银汉、尽吸沧溟以将润其津唾，扶摇刚风、转旋灏气以将舒其喘息，又何天之不为我而我之不为天、命之不为性而性之不为命也耶？自是以后，口悉皆天言，而其言自时；身悉皆天工，而其动自时。天视自我之视，天听自我之听，而其视其听亦自然无所不时也已。所以率此性而为道，其道则四达不悖，其学也又安得而或厌？修之而为教，其教则并育而有成，又安得而或倦也耶？"

28. 子曰："孔子云：'仁者人也。'夫仁，天地之生德也，天地之大德曰'生'，生生而无尽曰'仁'，而人则天地之心也。夫天地亦大矣，然天地之大，大于生；而大德之生，生于心。生生之心，心于人也。故知人之所以为人，则知人之所以为天；知人之所以为天，则知人之所以为大矣。圣门之求仁也，曰'一以贯之'。一也者，兼天地万物，而我其浑融合德者也；贯也者，通天地万物，而我其运用周流者也。非一之为体焉，则天地万物斯殊矣，奚自而贯之能也？非贯之为用焉，则天地万物斯间矣，奚自而一之能也？非生生之仁之为心焉，则天地万物之体之用斯穷矣，奚自而一之能贯？又奚自而贯之能一也？是圣门求仁之宗也。吾人宗圣人之仁，以仁其身而仁天下于万世也，固所以贯而运化之，一而浑融之者也。然非作而致其情也，天地万物也，我也，莫非生也，莫非生则莫非仁也。夫知天地万物之以生而仁乎我也，则我之生于其生，仁于其仁也，斯不容已矣。夫我生于其生以生，仁于其仁以仁也，既不容已矣；则生我之生，以生天地万物，仁我之仁，以仁天地万物也，又恶能以自已也哉？夫我能合天地万物之生以为生，尽天地万物之仁以为仁也，斯其生也不息，而其仁也无疆，此大人之所以通天地万物以成其身者也。"

29. 子曰："曾子曰：'士不可以不弘毅，任重而道远。'孟轲氏得之，曰：'其为气也，至大至刚，以直养而无害，则塞乎天地之间。'夫天地，是乾坤之德久且大，而所由以著见者也。吾夫子赞《易》曰：'乾知大始，坤作成物'。夫《易》广矣大矣，资始万物，而靡一之或遗焉；博矣厚矣，资生万物，而靡一之弗成焉。要之，实一元之气，浑沦磅礴，浩渺无垠焉尔。是气也，名之为天则天矣，天固乾之所以始乎坤者也；名之为地则地矣，地固坤之所以成乎乾者也；名之为我则我矣，我固天地之所以成始而成终者也。夫合天地万物，而知其为一气也，又合天地万物，而知其为一我也。如是而谓浩然而充塞乎其间也，固宜；如是而谓大之至而弘足以任重，刚之至而毅足以道远也，亦宜。是故君子由一气以生天生地、生人生物，直达顺施而莫或益之也，本诸其自然而已也；乘天地万物，以敷宣一气也，充长成全而莫或损之也，亦本诸其自然而已也。

30. 子曰："宇宙其一心矣乎！夫心，生德也，活泼灵莹，融液孚通，天此生，地亦此生也，古此生，今亦此生也，无天地，无古今，而浑然一之者也。生之谓'仁'，生而一之之谓'心'，心一则仁一，仁一则生无弗一也。是故一则无间矣，无间者，此心之仁之所以纯乎其运也；一则无外矣，无外者，此心之仁之所以博乎其施也。会而通之，吾兹有取于《易》之乾坤矣。夫《易》，生生者也；夫乾之与坤，《易》之生生所由以合德者也。乾一坤也，坤一乾也，未有坤而不始于乾，亦未有乾而不终于坤者也。乾之象曰'君子以自强不息'，坤之象曰'君子以厚德载物'。夫自以言乎其己也，物以言乎其人也，人己之间，以言乎强以健行而厚以持载也。善乎吾夫子之语仲氏也，曰'出门如见大宾，使民如承大祭'，是强以健行，而乾之所以始乎坤者也；曰'己所不欲勿施于人'，是厚以持载，而坤之所以终乎乾者也。是故君子出门使民，而兢业不忽，其必有所为矣；不欲于己，勿施于人，其必有所主矣。说者以其不忽者而名之曰'敬'，以其勿施者而名之曰'恕'。予意其敬不徒敬，而舍恕则无所于为也；恕不徒恕，而舍敬则无所于主也。名之曰'乾坤合德'，而莫非吾心生生之仁，贯彻于人己之间，至一而匪二，浑合而弗殊者矣。"

31. 问："孔子'圣之时'，似多得之学《易》而然？"曰："《易》象之赞必曰：'时义大矣哉！'又曰：'六位时成，时乘六龙以御天。'所以君子动静不失其时，其道光明而随时变易以从道也。吾夫子平生得力全在于此。惟孟氏独能知之，乃特称之曰：'孔子，圣之时者也。'是以其立教乎人也，则'当其可之谓时'；其悦诸乎心也，则曰'学而时习之'。惟其教之当可也，故自不觉其倦；惟其习之以时也，故自不觉其厌。《论语》开卷，便将一生精神全副打出，可见浑然一团仁体，顷刻便充塞天地而贯彻古今，是何等家风，何等滋味也！吾人岂可漫然轻看也哉？"

32. 问："孔子之'时'与颜子之'复'同异何如？"子曰："颜子之'一日复礼'，是复自一日始也。自一日而二日，以至于十百千万日，浑然太和元气之流行而融液周遍焉，即时而圣矣。故'复'而引之纯也，则为'时'；'时'而动之以天也，则为'复'。'时'其'复'之所由成，而'复'其'时'之所自来也欤？"

33. 问:"《易》为圣之时也,果为有据矣。不知如何将此'时习'以此立教也?"子曰:"乾行之健即时也,自强不息即习诸己而训诸人也;初九以至上九即时也,潜而弗用以至亢而有悔,即习诸己而训诸人也。推之六十四卦、三百八十四爻皆时也,皆所谓天之则也,亦皆是习诸己而训诸人,奉天则以周旋而时止时行、时动时静也。推之,即《中庸》所谓'喜怒哀乐中节'之'节',亦即《大学》'致知格物'之'格'也。又推之,礼乐之损益,《春秋》之褒贬,《诗》《书》之性情政事,更无出于'时'字之外者矣!先儒曰:'《易》其五经之原乎!'不明乎《易》而能明诸经者,难且甚矣!"

34. 问:"颜子'克己复礼',今解作《复卦》之'复',则礼从中出,其节文皆天机妙用,所谓'神无方而易无体'者也。乃礼仪三百,威仪三千,圣人定以《礼经》,传之今古,又若一成而不易者,何也?"子曰:"子不观之制历者乎?夫语神妙无方,至天道极矣,然其寒暑之往来,朔望之盈虚,昼夜之长短,圣人一切可以历数纪之,至期吻合而无差焉。初不谓天道之神化而节序遂不可以预期也。此无他，盖圣人于上古历元钩深致远，有以洞见其根柢而悉达其几微，故于其运行躔度，可以千载而必之今日，亦可以此时而俟之百世。此其尽性至命之妙，而实修道立教之准也。我夫子成身造士，一以求仁为宗，正千岁日至、其所洞见而悉达者也。故复以自知，而天之根即礼之源也。所谓'乾知大始''统天时出'者乎！'黄中通理，畅达四肢'，而礼之出即天之运也，所谓'乾道变化，各正性命'者乎！颜氏博文约礼，感夫子之循循善诱，是则三百三千而著之经典之常者也。如有立卓，叹夫子之瞻忽末由，是则天根自复而化不可为者也。夫子之为教与颜子之为学，要皆不出仁礼两端；而仁礼两端，要皆本诸天心一脉。吾人用志浮浅，便安习气，其则古称先者稍知崇尚圣经，然于根源所自茫昧弗辨，不知人而不仁其如礼何！是拙匠之徒，执规矩而不思心巧者也。其直信良心者，稍知道本自然，然于圣贤成法忽略弗讲，不知不学礼其何以立！是巧匠之徒，竭目力而不以规矩者也。善学孔颜以求仁者，务须执礼以律躬，而尤纯心以敦复。敦复崇礼又能考究帝王、会通典制，直至吻合圣神、归于至善而后已焉。是大匠之为方圆也，巧不徒巧，而规矩以则之；规矩不徒规矩，而巧以精之。则其栋明堂而覆广厦，不将柱立乾坤而永奠邦家于万世无疆也哉！"

35. 问："颜子'复礼'之'复'，固《易经》复卦之'复'矣。但本文'复'不徒'复'而必曰'复礼'，不徒曰'复礼'而必曰'克己'者，何也？"子曰："复本诸《易》，则训释亦必取诸《易》也。《易》曰：'中行独复。'又曰：'复以自知。''独'与'自'，即'己'也。'中行'而'知'，即'礼'也。惟'独'而'自'，则聚天地民物之精神而归之一身矣，'己'安得而不'复'耶？惟'中'而'知'，则散一己之精神而通之天地民物矣，'复'安得而不'礼'乎？故观一日'天下归仁'，则可见'礼'自'复'而充周也。观'为仁由己'而不由人，则可见'复'必由'己'而健行也。是即孟子所谓'万物皆备于我'，'反身而诚，乐莫大焉'者也。宋时儒者如明道，说'认得为己，何所不至'，又说'仁者浑然与物同体'，'义礼智信皆仁也'，似得颜子此段精神；象山解'克己复礼'，'能以身复乎礼'，似得孔子当时口气。"

曰：“‘克去己私’，汉儒皆作此训，今遽不从，何也？”曰：“亦知其训有自，但本文‘由己’之‘己’，亦‘克己’‘己’字也，如何作得做‘由己私’？《大学》‘克明德’、‘克明峻德’，亦‘克己’‘克’字也，如何作得做‘去明德’、‘去峻德’耶？况‘克’字正解，只是作‘胜’作‘能’，未尝作‘去’。今细玩《易》，谓‘中行独复’，‘复以自知’，浑然是己之‘能’与‘胜’处，难说《论语》所言不与《易经》相通也。”

曰：“颜子‘请问其目’，而孔子历指四个‘非礼’，‘非礼’不是己私，如何？”曰：“此条却是象山所云‘能以身复乎礼’者也。盖视听言动，皆身也。视孰为视？听孰为听？言动孰为言动？皆礼也。视以礼视，听以礼听，非礼则勿视听；言以礼言，动以礼动，非礼则勿言动。是则浑身而复乎礼矣。此即‘非礼’以见‘复礼’，即如‘恕’之以‘不欲’‘勿施’而见‘所欲’‘与施’也，皆反言以见正意。大约孔门宗旨，专在求仁。而直指体仁学脉，只说‘仁者人也’。此‘人’字不透，决难语‘仁’。故‘为仁由己’，即人而仁矣。此意惟孟子得之最真，故口口声声只说个‘性善’。

今以'己私'来对'性善',可能合否？此处是孔、颜、孟三夫子生死关头，亦是百千万世人的生死关头，故不得不冒昧陈说。若谓众皆莫肯信从而且迁就，则当时子贡诸人已尝疑孔子是求之于外，乐正子已不信孟子为实有诸己，况七十之与三千？又况汉、唐、宋而失传以至今日矣乎？幸大家早共反求，以仁其身而仁天下、仁万世于无疆可也。"

36. 问："'克己复礼'，以'克'作'能'，不识'克伐怨欲''克'字，如何又专作'胜'也？"子曰："回之与宪，均称孔门高弟，亦均意在求仁，但途径却分两样。今若要作解释，则'克'字似当一样看，皆是'能'也。孟子曰：'仁，人心也。'心之在人，体与天通而用与物杂，总是生之而不容已，混之而不可二者也。故善观者，生不可已，心即是天而神灵不测，可爱莫甚焉；不善观者，生不可二，心即是物而纷扰不胜，可厌莫甚焉。然见心为可爱者，则古今人无一二；而心为可厌者，则古今十百千万，而人人皆然矣。盖自虞廷，便说'道心惟微'，果是心涵道体，神妙之难窥；'人心惟危'，亦果是心属人身，形迹之易滞。'危'而易滞，所以行迹在前者，满眼浑是物欲；

'微'而难窥，所以神妙在中者，终身更鲜端倪。幸天生我夫子，圣出天纵，自来信好《易经》，于乾之'大生'，坤之'广生'，潜乎默识，会①得人人物物，都在生生不已之中。引线之星火纤燃②，铳炮之刚中爆发，一以贯之，不觉顷刻之间，仁体充塞乎天地人物而无间矣。故平生所以为学、所以为教，只是以仁为宗，期以号呼群生之醉梦而省觉之。无奈及门之徒，亦往往互相牴牾，惟颜子于其言语无所不悦，故来问仁，即告之以能己复礼，则天下归仁。能复，则其生生所由来；归仁，即其生生所究竟也。原宪却也久在求仁，然心尚滞于形迹，自思心之不仁，只为怨欲二端纷扰作祟。于是尽力斩伐，已到二端都不敢行去处，乃欣然相问，人能伐治怨欲，俱不敢行去处，仁将不庶几乎？吾夫子闻知此语，颇觉伤残，漫付之一叹，曰：'可以为难矣！'盖怨欲是人性生，今伐治不行，岂是容易？至说'仁则吾不知也'，却甚是外之之辞，亦深致惜之之意。宪竟付之不问，岂是其心犹疑圣

---

① "会"，原缺，今据《近溪子集》补。
② "燃"，原缺，今据《近溪子集》补。

言之不如己见也？噫！原宪且然，而樊迟诸子，更复何望？及门者且然，而汉唐诸儒又复何望？诚哉道心之微，而难窥生理之妙而鲜识也！比至有宋，乃得程伯淳'浑然与物同体'之说倡之于先，陆象山'宇宙一心无外'之语继之于后。入我明来，尊崇孔、颜、曾、孟，大阐求仁正宗。近得阳明王先生发良知真体，单提显设，以化日中天焉，宁非斯文之幸而千载一时也哉？众共勉之，众共勉之！"

37. 子曰："夫《易》者，圣圣传心之典而天人性命之宗也。是故塞乎两间，彻乎万世，夫孰非一气之妙运乎？则乾始之而坤成之，形象之森殊，是天地人之所以为命而流行不易者也。两间之塞，万世之彻，夫孰非妙运以一气乎？则乾实统夫坤，坤总归乎乾，变见之浑融，是天地人之所以为性而发育无疆者也。然命以流行于两间万世也，生生而自不容于或已焉，孰不已之也？性以发育乎两间万世也，化化而自不容于或遗焉，孰不遗之也？是则乾之大始，刚健中正，纯粹至精，不遗于两间而超乎两间之外，不已于万世而出乎万古之先。浩浩其天，了无声臭，伏羲画之一以专其统，文王象之元以大其生，然皆不若夫子之名之以'乾知大始'而独得乎天地人之所以为心者也。夫始曰'大始'，是至虚而未见乎气，至神而独妙其灵，彻天彻地，贯古贯今，要皆一知以显发而明通之者也。夫惟其显发也，而心之外无性矣；夫惟其明通也，而心之外无命矣。故曰：'复，其见天地之心乎！'又曰：'复以自知也。'夫天地之心也，非复固莫之可见，然天地之心之见也，非复亦奚能以自知也耶？盖纯坤之下，初阳微动，是正乾之大始而天地之真心也，亦大始之知而天心之神发也。惟圣人迎其几而默识之，是能以虚灵之独觉妙契大始之精微，纯亦不已而命天命也，生化无方而性天性也，终焉神明不测，而心固天心、人亦天人矣。"

38. 问："复何以能自知也哉？"子曰："是有生而知之者矣，'闻一善言，见一善行，沛然若决江河，莫之能御'者也；有学而知之者矣，'我非生而知之者，好古，敏以求之者也'；有困而知之者矣，'人一能之己百之，人十能之，己千之'，'果能斯道'而'虽愚必明'者也。"

曰："孔子何以学而知之也？"曰："孔子志于学，学乎大学者也。学大学者，必先于格物。格物者，物有本末，于本末而先后之，是所以格乎物也。"

曰:"格物之本末,何以遂能独复而自知也哉?"曰:"古之平天下者,必先治国,治国必先齐家,齐家必先修身。是天下本在国,国本在家,家本在身。于是能信之真、好之笃而求之极其敏焉,则此身之中生生化化一段精神,必有倏然以自动、奋然以自兴而廓然浑然以与天地万物为一体而莫知谁之所为者。是则神明之自来、天机之自应,若铳炮之药,偶触星火而轰然雷震乎乾坤矣。至此,则七尺之躯顷刻而同乎天地一息之气,倏忽而塞乎古今。其余形骸之念、物欲之私,宁不犹太阳一出而魍魉潜消也哉?故《大学》一书,是孔子平生竭力六经而得的受用。如病人饮药,已获奇效,却抄方遍施以起死回生乎百千万众也。后世切不可只同其他经书看过,当另作一般理会,久久有个独复自知之时,方信予言为不谬也已。"

39. 问:"孔子以'复礼'答颜氏问仁,则所谓学《易》者,即所以求仁矣乎?"子曰:"学《易》所以求仁也。盖非易无以见天地之仁,故曰'生生之谓易';而非复何以见天地之易,故又曰'复,其见天地之心'。夫大哉乾元,生天生地,生人生物，浑融透彻，只是一团生理。吾人此身，自幼至老，涵育其中，知见纭为，莫停一息，本与乾元合体，众人却日用不著不察，是之谓道不能弘人也。必待先觉圣贤之明训格言，呼而觉之，则耳目聪明顿增显亮，心思智慧豁然开发，真是黄中通理而寒谷春回。此个机括，即时塞满世界，了结万世，所谓'天下归仁'而'为仁由己'也。其根器深厚、志力坚贞的汉子，际此景界，便心寒胆战，恭敬奉持，如执玉，如捧盈，毫忽不能昧，便唤做'研几'，斯须不敢瞒，便唤做'慎独'。不落声臭，不涉睹闻，渊渊浩浩，唤作'极深'；坦坦平平，好恶不作，唤做'君子依乎中庸'也。盖此个天心，元赖耳目四肢显露，虽其机不会灭息，而血肉都是重滞。若根器浅薄、知力怠缓者，则呼处或亦有觉，而受用却是天渊，反致轻视此理而无所忌惮，不免游气杂扰而成'小人之中庸'矣。楚侗耿先生评曰："是，是。予为此惧甚矣！"孔门自颜子而下，鲜有不在此处作疑。故'仁者人也'，纵口说不倦而未有人听；'从心所欲'，纵身体不厌而无有人喜。走东走西，只是要依各人乱做，况无圣人亲自呼觉，又可奈何？其后却亏了孟子是个豪杰，他只见着孔子几句话头，便耳目爽朗，亲见如圣人在前，心思豁顺，就与圣人吻合，一气呵出，说道'人性皆善'。至点掇善处，惟是孩提之爱敬；达之天下，则曰'道在迩'，'事在易'，亲亲长长而天下平也。凭他在门高第如何诤论，也不改一字；凭他列国君臣如何忿恶，也不动一毫。只是入孝出弟，守先王之道以待后之学者。看他直养无害，即浩然塞乎天地，万物皆备而反身乐莫大焉。其气象较之颜子，又不知如何？予尝窃谓孔子浑然是'易'，颜子庶几乎'复'，而孟子庶几乎'乾'。若求仁而不于'易'，学'易'而不于'乾'与'复'焉，乃欲妄意以同归于孔、颜、孟也，亦误矣哉！亦难矣哉！"

40. 子因或问："程子云'孔子道大难求，学者须学颜子'，颜子有个学眼，《复卦》所许颜子'庶几'，只是'有不善未尝不知，知之未尝复行'。"乃曰："说《易》须先《乾》《坤》，《乾》《坤》须先《复卦》，《乾》《坤》二卦，虽不相离，而不可相并，六十卦皆是此意。故今说复，也要乾来照应。盖复之为候，是一年至日，于四时则其时为春首，于六气则其气为温暖。《乾》曰'元亨利贞'，则是元之初起头处，融和温煦，天下万事万物，最可爱可喜，而为卦之善者也。然孟子形容这个善，却云'可欲之谓善'；而孔子指点这个乾元，则又云'元者善之长'。是《复》在六十四卦，岂不是第一最善者哉？今要解得《复卦》的确，须说复是复个善也。其复善，又是复善之最长，而不可以他卦例言也。"又曰："复是一个而可两分，虽可两分而实则总是一个善耳。盖性善则原属之天，而顺以出之；知善则原属之人，而逆以反之。故孩提初生，其禀受天地太和，真机发越，固随感皆便欢喜。若人心神开发于本性之良，彻底悟透，则天地太和亦即时充满，而真机踊跃，视诸孩提又万万矣。"又曰："《复》之一卦，学者只一透悟，则自身自内及外，浑是一个圣体，即天地冬至阳回，顽石枯枝，更无一物不是春了。乐正子只缘未透这关，所以美大圣神，竟无他分也。"

41. 问"默而识之"。子曰："此即程子所谓'先须识仁'也。盖仁者浑然与物同体，此体既与物同，则教、学又岂容二哉？故教不徒教，而以学直己陈德而不敢欺也；学不徒学，而必以教与人为善而不敢私也。教学相长，人己夹持，以故有亲有功，可久可大，而又何厌倦之有哉？程子曰：'以己合彼，犹是二物有对，又安得乐？'又曰：'能存之而乐，亦不患不能守也'"。

42. 问："程子既云'仁者以天地万物为一体'，又云'仁者浑然与物同体'，意果何如？"子曰："天地之大德曰生，夫盈天地间只一个大生，则浑然亦只是一个仁矣，中间又何有纤毫间隔，又何从而分得天地、分得万物也哉？故孔门宗旨，惟是一个仁字；孔门为仁，惟一个恕字。如云'己欲立而立人，己欲达而达人'，分明说己欲立，不须在己上去立，只立人即所以立己也；己欲达，不须在己上去达，只达人即所以达己也。是以平生功课，学之不厌，诲人不倦，其不厌处即其所不倦处，其不倦处即其所不厌处。统天彻地，胶固圆融，由内及外，更无分别。此方是浑然之仁，亦方是孔门宗旨也已。"

43. 问："道有定体，学有成法。若学无成法，虽道有定体，恐亦不为我有，是否？"子曰："此语果然。岂惟学有成法？即'默识'亦有成法。"曰："如何是'默识'的成法？"曰："学是学为孔子，则吾人凡事皆当以孔子为法。孔子十五而志于学，今日便当向半夜五更，默默静静，考问自己的心肠，果是肯如孔子之一心一意去做圣贤耶？或只如世俗之见，将将就就，以图混过此生也。若将就混过，正是乡愿的本事，孟子骂他做'德之贼'，'贼'字是'害'字。盖此个念头，即是鸩毒刀兵，害了此一生也。以此做个的确规模，十五则决要志学，三十则决要立，四十则决要不惑，五十、六七十莫不皆然，方才谓之学有成法。五更半夜，常以此去自考，便又谓之'默而识之'之成法也。"

44. 问："学者将天地万物一体处理会得明尽，则仁便可识，其功是否？"子曰："程子欲人先识者，识此仁也。仁者，天之生德，活泼泼地，昭著心目；苟一加察，即真机见前，仁识而天地万物自在其中矣。如'入井'一段，既是怵惕恻隐，则我与孺子原如手之扞足、唇之护舌，又焉有二体哉？若先行理会方可言仁，则孺子之救逢人同之，非惟不必理会，而亦不暇理会矣。"

45. 问："'浑然与物同体'，视《大易》'君子体仁'之意何如？"子曰："圣贤语仁多矣，最切要者，莫逾'体'之一言。盖吾身躯壳，原止血肉，能视听而言动者，仁之生机为之体也。推之而天地万物，极广且繁，亦皆躯壳类也，潜通默识，则何我体之非物而物体之非我耶？譬则巨釜盛水，众泡竞出，人见其泡之殊，而忘其水之同耳。'孺子入井'境界，却是一泡方击而众泡咸动，非泡之动也，釜水同是一机，固不能以自已也。"

46. 问："浑然同体与兼爱之学何别？"子曰："'体'之为言，最可玩味。夫体，即身也。头目居上，四肢居下，形骸外劳，心腹内运，而身乃成焉。爱岂无差等哉？"或曰："既是一体，终恐流于兼爱耳。"曰："君知所恐，自然不流矣。但恐君心或过于忍，无爱之可流耳。"

47. 问："孔子曰'志于道'，只此一语，极是学者所当理会，亦是学者所难理会。盖天下古今惟是此道，若此道有真见，则志自不容已，志既不容已，则学之不厌，教之不倦，精神渐次坚凝，而圣人'发愤忘食，乐以忘忧，不知老之将至'其阃奥将自有入头处也。"子曰："诚然，诚然！但今看来，道之为道，不从天降，亦不从地出，切近易见，则赤子下胎之初哑啼一声是也。听着此一声啼，何等迫切；想着此一声哑啼，多少意味。其时骨肉之情，依依恋恋，毫发也似分离不开，顷刻也似安歇不过。真是继之者善，成之者性，而直见乎天地之心；亦真是推之四海皆准，垂之万世无朝夕。舍此不去着力理会，其学便叫做远人以为道，纵是甚样聪明、甚样博洽、甚样精透，却总是无源之水、无根之木，用力虽勤，而推充不去。不止推充不去，即心身亦受用不来。求其如是而己，如是而人，如是而天下国家，如是而百年千载，我可以时时服习，人可以时时公共，而云学不厌、教不倦也，亦难矣哉，亦难矣哉！"

48. 子曰："夫天莫之为而为，莫之致而至者也；圣则不思而自得，不勉而自中者也；学则希圣希天者也。夫欲希圣希天，而不求己之所以同于圣、天者以学焉，安能至哉？反而思之，我之初生，一赤子也，赤子之心，浑然天理，其知不必虑，其能不必学，盖即莫之为而为、莫之致而至之体也。然则圣人之为圣人，亦惟以其不虑不学者同之莫为莫致者。我常敬顺乎天，天常生化乎我，久之自成不思不勉从容之圣人矣。圣如孔子，其同天处更亲切焉。彼赤子之出胎而即叫啼也，是爱恋母之怀抱也。孔子却指此爱根而名之为'仁'，推充此爱根以为'人'，合而言之，曰'仁者人也，亲亲为大'。若曰为人者常能亲亲，则爱深而其气自和，气和而其容自婉，不忍一毫恶于人，不敢一毫慢于人，所以时时中庸而位天育物，其气象出之自然，而功化成之浑然也已。"

或曰："赤子之心浑然天理固矣，但谓群圣之同天与孔子之尤加亲切，却只是个觉悟，所以说'复，其见天地之心'，便其觉悟处也。"曰："谓之复者，正以其原日已是如此，而今始见得如此，便天地不在天地，而在吾心。所以又说'复以自知'，'自知'云者，知得自家原日的心也。"

或曰："自家原有同天、同地、同圣人的心，每每迷而不悟，想久被世界一切纷华物欲之所蔽而然乎？"曰："尝观世人，亦有一种生来便世味淡薄、物欲轻少者，然于此一著亦往往不悟，纵说亦往往不信，此即果如阳明先生所谓'个个人心有仲尼，自将闻见苦遮迷'也。盖人自幼时读书，便用《集》《说》等讲解，其支离甚可鄙笑；何止《集》《说》，即汉儒去圣未远，其注疏汗牛充栋，而孝弟之道却看得偏轻，不以为意，蔓延以至后世，又何足怪？故尝谓人之不悟，蔽于物欲者固多，而迷于闻见者不少。苟非遇先知先觉之人为之说破，纵教聪慧过颜、闵，果然莫可强猜也已。"

49. 问："'乾以易知，坤以简能'，何分别如是？"子曰："乾、坤之德只是'知''能'两字，其实又只是'知'之一字。盖生天生地、生人生物，透体是此神灵为之变化，以其纯阳而明故也。然阳之所成处即谓之阴，而阴阳皆明以通之。所以并举而言，则曰'乾以易知，坤以简能'，又曰'乾知大始，坤作成物'；及其兼统而言，于乾则曰'德行恒易以知险'，于坤则曰'德行恒简以知阻'。究竟阳之初动为复，而曰'见天地之心'，是'复'则明统乎始；曰'复以自知'，是'能'则又果属乎'知'也已。"

50. 问："'群龙无首，乃见天则'，敢问天则必如何乃可得见也？"子曰："据汝之问，果欲见天则乎？"曰："然。"曰："若天则可以见而求，可以问而得，则言语耳目、各各用事，群龙皆有首矣，宁不愈求而愈不可得也耶？盖《易》之象，原出自文王，《诗》之颂文王也，必曰'不识不知，顺帝之则'，又曰'无然畔援，无然歆羡，诞先登于岸'，其所谓'畔援''歆羡'者，岂皆如世之富贵外物哉？即汝曹今日欲求见天则之心也。故道岸之登不难，而歃畔之忘实难；帝则之顺不难，而知识之泯实难。"曰："若然，则吾将言语知识俱不用之，可乎?"曰："即此不用之心与求见之心，又何所分别乎?"

51. 问："孔子于《易》，未尝言礼，乃告颜子必曰'复礼'者，何也?"子曰："复者，阳而明者也。'黄中通理，正位居体'，是身之阳所自明也；'畅于四肢，发于事业'，是阳之明所必至也。故礼曰'天理之节文'，而又曰'时为大，顺次之'。夫复则天，天则时，时则顺而理，顺而理则动容周旋，四体不言而默中帝则，节而自成乎文矣。复在乎己也夫! 安得不动之而为礼也耶? 是以孔立教，每以仁、礼并言，盖仁以根礼，礼以显仁，则自视听言动之间而充之仕止久速之际，自将无可无不可而为'圣之时'也已!"

52. 问："博约之训，孔门最重，而说者往往不同。愿求归一之旨。"

子曰："吾侪有生天地之间，立志做个人品，须要先扩一大胸襟，次张一大眼孔。虽未即经纶天下大经，而经纶规模却该理会；虽未即立天下大本，而立本着落却要承当；虽未即知天地之化育，而化育来历却当探讨。昔颜渊问仁，夫子教以'一日克己复礼，而天下归仁'；子张问十世，夫子教以'殷因夏礼，周因殷礼，而百世损益可知'；至己则自云'吾学夏礼，吾学殷礼，吾学周礼'，且叹曰'周监于二代，郁郁乎文哉！吾从周'，又曰'为国以礼'，'能以礼让为国乎何有'。若夫《中庸》末后，其谓'大哉圣人之道'，而归之礼之三千、三百；'王天下有三重'，而归之议礼、制度、考文。故古今圣帝明王，纲维一代之乾坤世界，必有礼以纲维之；育养一代之民物生灵，必有礼以育养之；主张一代之教化风俗，① 必有礼以主张之。此一个礼，即天地之所以为命，帝王之所以为心，圣贤之所以为学。天下治乱攸分，总在礼之立、不立，而尤在立之善、不善，与善之至、不至也。

　　"天生夫子，为万世开太平，只有《学》《庸》二书，其二书只重仁、礼二端。盖丈夫有生天地，头顶脚踏，肩任念存，此身之与乾坤浑然一体，而谓之曰'仁也者人也'。欲完此仁，须是有礼，欲

---

　　① "必有礼以育养之；主张一代之教化风俗"二句原缺，今据《近溪子集》补。

得此礼到至善去处，则非一己之聪明所可拟议，一己之力量所可强为。如拟议强为，出自一己，则所定之礼未必能善；纵或有善，亦恐非其至也。故孔门立教，其初便当信好古先。信好古先，即当敏求言行，诵其诗，读其书，又尚论其世，是则于文而学之，学而博之。学也者，心解而躬亲，去其不如帝王圣贤，以就其如帝王圣贤，固不徒口说之腾、闻见之资已也；博也者，考古而证今，虽确守一代之典章，尤遍质百王之建置，耳目固洞烛而不遗，心思亦体察而无外也。此之谓'博学于文'。然岂徒博而已哉？博也者，将以求其约；约也者，惟以崇其礼而已矣。礼者，统之则为三纲，分之则为五常，而详之则为百行。会家、国、天下而反之本焉，则在于吾之一身，身则必礼以修之；而纲常百行，动容周旋，必中其节文也。推此本身而联乎末焉，则通之家、国、天下，必礼以齐、治、均平之；而纲常百行，道德一而风俗同也。大丈夫有生天地间，其中心之主持树立，独专乎此而无偏倚，谓之'正心'；其发念笃切肯到，独专乎此而不他适，谓之'诚意'。此皆孟子所谓射之勇力、乐之玉振，而非其所先者也。若夫开心明目，则惟千古圣神之言，定为事物本末始终之格，至善而毫厘更无差失，知止而纤悉不可悖违。是则孟子所谓射之精巧、乐之金声，而不当或后者也。今观《大学》一书，自首至尾，总是援引六经格言，而旁加点缀发挥，便是'博学于文'，而曰'致知''格物'也。其点缀发挥，总是归宗于内之中正而无偏，外之整饬而不乱，便是'约之以礼'，而曰'诚意''正心''修身''齐家''治国''平天下'也。求其一言以蔽之，则其为'父子兄弟足法而人自法之'；一字以蔽之，则'仁'而已矣。然夫子言仁，每每先之以知；此其言礼，每每后之于仁。噫！'博学于文，约之以礼，亦可以弗畔矣'！然则所谓'弗畔'也者，其弗畔于仁矣夫！其弗畔于仁矣夫！"

53. 或云："天地人物，共此虚灵。至各人身中所谓心者，不过是虚灵发窍而已。"子曰："如此言心，恐犹然未见亲切。盖'心之精神是谓圣'，圣者，'神明而不测者也'。故善观天地之所以生化人物，人物之所以通彻天地，总然是此神灵以充周妙用，毫发也无间，瞬息也不遗，强名之曰'心'，而人物天地浑沦一体者也。子果于此体见得亲切，则言下便自洁净精微。若要语意精洁，须如'精神谓圣'，又须如'神明不测'，方是专主灵知而直达心体也。至若'灵'而谓之'虚'者，不过是形容其体之浩渺无垠；又'灵'而谓之'窍'者，不过是形容其用之感通不窒。实在心之为心也，原天壤充塞，似虚而实则非虚；神明宥密，似窍而实则无窍。今合'虚灵'与'窍'而并言之，则语非洁净，理欠精微，所以知子之见，犹未为亲切也。"

54. 子曰："人之恒言，凡事务遇有善处，便多称良，则良亦只是善，而善似只是良，无大分别。然经传中，又多以二字并举言之，则又似不能无所分别于其间者。即今想象而言，善则博大于良，良则真实于善。要之，善是成熟，得自人为处多；而良是根源，出自天然处多。又曰良字训作易直。易也者，其感而遂通之轻妙处也，原不出于思量；直也者，其发而即至之迅速处也，原难与以人力。所以'良知'谓之'不虑'，'良能'谓之'不学'，却是'虑'与'学'到不得的去处也。试观今时章缝、胥徒之在列者，严恪端庄，非不礼文娴熟，然究其底里，可以语'良'者，则千百而鲜一二也。故忠信之人，始可学礼；粉地之洁，始可绘画。学者不思希圣希贤则已，若萌此个真志，当以孔子之'仁者人也'、孟子之'形色天性也'，反而求之：我此'人'也，如何即是'仁'哉？我此'形色'也，如何即是'天性'哉？次则以孔子'率性之谓道''道不可须臾离'，孟子之'良知良能不虑而自知，不学而自能'，又细细体认：道原不曾离我，我今又何曾离道？良知良能原不待思虑学习，我今纵不会思虑，而知岂非良知？纵不会学习，而能岂非良能哉？久久反躬寻讨，事事随处观察，冷灰星爆，火现光晶，赤子天性，恍然俱在。于时觉悟别开途径，而意味另显家风，孔子所谓'道不远人'、孟子所谓'形色天性'，了然亲见面目，而非忆想遥度。由是凡从前闻夫古圣之言论、见夫古圣之行履备载于五经四书之中者，或相为感通而其机愈显，或互为对证而其益无方。如觉己之所知能轻易而失之太过，则以圣贤之成法而裁抑之；如觉己之所知能卑弱而失之不及，则以圣贤之成法而引伸之。务使五伦之纲常、百行之酬应，皆归纯粹之中而无偏驳之累，则'良'不徒'良'而可以言'善'，'善'不徒'善'而可以言'至'矣。若知能本良，格则尤善，而学又必求达其极至，犹之昆山粹玉而加以追琢之巧，丽水精金而贲以文章之美，岂不人人共羡奇珍，而世世永为重宝哉？"

55. 子因人问《学》《庸》二书，答曰："此二书，却是'孟子道性善，言必称尧舜'二句足以尽其梗概。盖先王立教，本是欲人之皆为圣人，但不明性善，则无根源；不法先圣，则无规矩。然古先圣人所以足为作圣之规矩者，正以其只尽自己之性，只明己性之善，而更无纤毫之或取诸外也。今且不论其他，只说孔孟及门之士动以千百，岂不个个志凌物表而见出人群者？但诲他尽己之性则从，诲他信己性之善以尽之，则疑矣；诲他学为尧舜则从，诲他只把孩提之孝弟去学尧舜，则疑矣。及门之士且然，则其他私淑教言以及后来想望丰采者，又将何如？圣人于此，也无奈之何，欲以尽言而信从者寡，欲遂不言而学脉永坠，于是笔此二书。其书虽各自为篇，而通贯只是一意。《中庸》虽若专言性善，而圣人所以尽性之底蕴具在也；《大学》虽若专言法圣，而性善所以成圣之脉络备存也。

"今且论天下，'中'从何来，乃民受天地之中以生也；'庸'从何来，乃中等平常之人也。今此中等之人，名以平常之辈者，又岂不谓各随己性，而简易率直也哉？此简易率直以为知，其知不须人思虑，却是阳明发越而天命之照耀也；此简易率直以为能，其能不须人学习，却是阳和充盎而天命之活泼也。故性不徒性，而为'天命之谓性'矣。夫此不虑之知，既为天知，则举千万人而可以与知；此不学之能，既为天能，则举千万人而可以与能。故道不徒道，而曰'修道之谓教'矣。夫此道，根诸命，显诸性，普诸教，则天与吾人更无一息之可离，而吾人于天又可一息之不畏也哉？但可惜百姓却日用而不知，故其庸常知能，原虽孩提皆良，后来无所收束，则日逐散诞，加以见物而迁，可好而喜乐辄至过甚，可恶而哀怒辄至过甚，贪嗔横肆，将由恶终矣。惟是君子，'顾谉天之明命'，性静时，惺惺然戒慎；性动时，惶惶然恐惧。于潜隐，而常若昊天之现前；于微暗，而常若上帝之临照。慎独既无须臾之或间，则道体自能恒久而不迁。率其简易之知①以为知，而日夕安常处顺；率其简易之能以为能，而随处有亲有功。既无作好，

---

① "之知"，原无，而此处原有小字夹注曰："一本有'之知'二字。"今据上下文补。

亦无作恶，则性善之中，任其优游；造化之内，亦
从其出入矣。此则天然自有之定体，而贤圣不二之
定守也。然岂惟未发而然哉？有时喜怒哀乐，或因
物来而发，其完养保合，亦自有节而和。夫中和合
德于君子之身，则命自己立，而教岂不自己行也
哉？盖中也者，天下之大本，原可合千万人而归之
一人；和也者，天下之达道，原亦可以一人而公之
千万人也。故君子致其中于天下，而必使人人之皆
中；致其和于天下，而必使人人之皆和。要之，惟
日用敬顺其天常，则物感斯安全于心极。天地之
大，自中庸而定位于中；万物之繁，自中庸而并育
于内。盖不已之命，为继善之所从出，而无妄之
与，均成性之所同然，自非君子教道之修明，又何
以见中庸之纯一也哉？夫此道名之曰'中庸'，见
天下万世，惟此是个恒性，惟此是个常德，而定下
做圣人的准则，更不容你高着分毫，亦不容你低着
分毫，而为王道之平平、王道之荡荡、王道之正直
也。初则推本其出于帝天之命，所以表其为纯粹之
极，故首叹之曰：'中庸其至矣乎！'中间将古今许
多圣贤、圣贤许多德业，或从天而体之于己，或从
己而契之于天，虽备称其为圣神功化之极，而实表

显其为不虑不学之良。终则复叹曰：'上天之载，无声无臭，其至矣乎！'惟是此个中庸，首尾皆叹其为善之至，所以《大学》便将此至善欲人止之以为明德亲民之规矩格则也。今此细心看来，《大学》一篇相似只是敷演《中庸》未尽的意义。如《中庸》说庸德、庸言，而《大学》则直指孝、弟、慈为天生明德也；《中庸》说修道、成教，而《大学》则直指兴仁、兴让为与民相亲也；《中庸》说身心处或略家国，说家国处或略身心，而《大学》则直指本末只是一物，终始只是一事也，而中间更无缝隙也；《中庸》说修齐平治而圣人甚样神化，《大学》则直指只是'其为父子兄弟足法而人自法之'即是神化，而俱在面前、一目可了也。要之，均言人性之善，亦均言人须学圣人，以尽所性之善。《中庸》多推原古今圣人，由平常以造极至，而其言浑融含蓄；《大学》多铺张古今圣人成德以为行事，而其言次第详明。故虽均尽性，而工夫不同；虽均法圣，而规格却异。

"今且将《大学》首章请正之。夫'天命流行'，'於穆不已'，毕竟得日月之光照开朗，方显化工。在人之日月，则良知也。知为己子，则自以慈相亲；知为己父，则自以孝相亲；知为己兄，则自以敬相亲。天德之明，知之无尽，则人心之亲，亦相通无尽。古今圣人之学所以为学之大，圣人大学之善所以为善之至，吾人欲学其学之大，而可不求其善之至乎？于其善之至，能知止之，斯于其学之大，自尔得之。定、静、安、虑四字，是形容'知止'之'止'字，本来纯一；亦是显现'至善'之'至'字，极其果确也。盖天下本末只共一物，未有枝叶而不原于根底，根底而不贯乎枝叶者也。天下终始只共一事，未有欲如此结束而不由此肇端者也。于此用功，而先后分晓，则'明德'以'亲民'，其道可以善，而其善方可以至矣。试观古之圣人'欲明明德于天下'，夫'欲明明德于天下'，是本末一物而终始一事也。他却于所先而先之，'治国''齐家'，而及于'致知在格物也'；于所后而后之，'物格''知至'，而及于'天下平'也。悉心体认，作《大学》者，其旨趣要此学学得大，而又要大学之道道得善、善得至。'明明德于天下'而先之国、家，国、家而先之身、心，原始要终，由天下之本及天下之末，而了天下之大物也。"

56. 又曰："本之身心，以通乎天下、国、家；尽乎天下、国、家，而管之身心。其说在《大学》，更无详于'诚意'诸章，却总是称述《六经》贤圣之格言，以定立本举末之主意。即便是知止而有定，心正则是能静，身修则是能安，齐治平则是能虑而得也。至明言'盛德至善而民不能忘'，复详所以'没世不忘'，却是亲亲贤贤、乐乐利利。至后面将亲亲贤贤演出许多：'上老老而民兴孝，上长长而民兴弟，上恤孤而民不倍'。将乐乐利利演出许多：用人理财，要之上下四旁各得分愿，贯天下、国、家，本末相共为一物，始终相共为一事。学问规模，果然是大。所引章句，一一俱出六经；所指德业，一一俱是帝王圣贤。序以循之，而条理之不紊；会以通之，体统之可一。学问格则，又果然合于人心之公，极夫天然之善而至也。夫孝是孩提而知爱，弟是孩提而知敬，慈是未学而养子。若非《中庸》推原出于天命之性，标显率为平常之道，何以使人人信从而知为古今之学之大也哉？经纶天下之大经，立天下之大本，直至知天地之化育。若非《大学》指陈为千圣之成法、万世之的训，何以使人人奋励，而必精造身心，《大学》之善之至也哉！呜呼！吾夫子在世七十余年，其心只以仁天下万世为心，其事只以仁天下万世为事，故曰：'我学不厌而教不倦'。今观二书，其真切恳到，令人人可以想见兴起而不容已矣。"

57. 问明德。子曰："'明'字从日从月。天之所以为天者，以其有日月也。如非日月，则天之功用息矣。人之心则天也，心之知则日月也，故心之在人，自朝至暮，自幼至老，无非此知以为功用。舍知以言心，是无日月而能成天也，有是理哉？"

曰："天无二日，则人亦明德焉足矣，乃云'明明德'者，何耶？"曰："知一也，有自生而言者，天之良知也，所谓'明德'也；有自学而言者，知己之有良知也，所谓'明明德'也。又曰："圣人之言，原自一字不容增减，其谓'明德'则德只是个明，更说'有时而昏'不得也。"

曰："'明德'如是，何必学以明之也？"曰："《大学》之谓'明明'，即《大易》之谓乾乾也。天行自乾，吾乾乾而已；一本有"矣"字。天德本明，吾明明而已矣。故知必知之，不知必知之，是为此心之常知。而夫子诲子路以知，只是知其知也。若谓由此求之又有可知之理，则当时已谓是知也而却有所未知，恐非夫子确然不易之词矣。"

曰："从来见孟子说'性善'，而《中庸》说'率性谓道'；孟子说'直养'，而孔子说'人之生也直'。盖谓性必全善，方才率得，生必通明，方才直养得。夫既有杂，则善便可率，恶将如何率得？若既有蔽，则明便直得，昏则如何直得？于是疑惑不定，将圣贤之言作做上智边事，只去为善去恶，而性且不敢率；只去存明去昏，而养且不敢直。卒之，愈去，而恶与昏愈甚；愈存，而善与明愈远。今日何幸得见此心知体，便自头头是道，而了了皆通矣。"曰："虽然如是，然却不可遂谓无善恶之杂、无昏明之殊也。只能彀得此个知体到手，便凭我为善去恶，而总谓之'率性'；尽我存明去昏，而总谓'直养无害'也已。"

58.《识仁编》云："朱子谓明德者'虚灵不昧'，今若说良知是个灵底，便苦苦地去求他精明，殊不知要他精愈不精，要他明愈不明。若肯一切都且放下，坦然荡荡，更无戚戚之怀，也无憧憧之扰，此却是能从虚上用工了。世岂有其体既虚而其用不灵者哉？但此要力量大，又要见识高，稍稍不伦，难以骤语。"

59. 会中有讲"天命之谓性"一章及"颜渊问仁"一章而请为和会者。子曰："天与人原浑然同体，其命之流行，即己性生生处；己性生生，即天命流行处。但一顾諟，则见得须臾难离，惕然警觉，恐然悚动，而光辉愈加发越，即是火之始燃，而一阳之气从地中复也。地中即谓之黄中，中而通者，乾元之光明，知之所始也。乾知大始处，便名曰'复'，复也者，即今子心顿觉开明，所谓'复以自知'者也。子心既自知开明，又自见光明，愈加发越，则目便分外清明，耳便分外虚通，应对便分外条畅，手足便分外轻快，即名中通而理，所谓天视自我视，天听自我听，己身代天工，己口代天言也。顷刻之间，畅达四肢，则视听言动无非是礼，喜怒哀乐罔不中节，天地万物果然一日而皆归。吾仁以仁—作"化"字。之育之，而其修道立教之机，亦只反观一己身中，更不俟他求而有余裕也。故先儒有解'克己复礼'作'能自复礼'，'非礼勿视听言动'作'只此礼以视听言动'，更觉顺快也已。"

60. 问："阳明先生所指'良知在人心'，从何所发？"子曰："良知无从而发，有所发则非良知也。""然则何归?"曰:"在天为天,在地为地,在人为人,无归无所不归也。""然则有动静之时否?"曰:"亦无动静。"曰:"若无动静,则起居食息都无分别乎?"曰:"起居食息不过是人之事,既曰'在人而人',则人已浑然是个良知,其事之应用又可得而分别耶?"曰:"良知完具于人,又有见与昧,何也?"曰:"见是觉处。知常而觉暂,觉之见于知,犹泡之见于水也。泡莫非水,而见则有时。《中庸》'见乎隐'是言觉,'显乎微'是言知。孟子亦云'先觉后觉''先知后知'也。"

61. 问:"白沙陈先生云'须静中养出端倪',又云'此心虚朗,炯然在中','炯然'者可即是'端倪'否?"子曰:"是也。"曰:"吾用功许久,而'炯然''端倪'尚未有见,何也?"子曰:"此个工夫,亦是现在,且从粗浅处指与君看。"子乃遍呼在坐曰:"汝等此时去家各远,试反观其门户、人物、器用,各炯然在心否?"众曰:"炯然在心。"良久,忽报有客将临,子复遍呼在坐曰:"汝等此时皆觉得有客来否?"众曰:"皆觉得。"子曰:"亦待反观否?"众曰:"未尝反观,却自觉得。"子乃回顾初问者曰:"此两个'炯然',各有不同。其不待反观者，乃本体自生，所谓知也；其待反观者，乃工夫所生，所谓觉也。今须以两个合成一个，便是'以先知觉后知'，而知乃常知矣；便是'以先觉觉后觉'，而觉乃常觉矣。常知、常觉是为圣人，而天下万世皆在其炯然中矣。"问："《会语》中谓'不虑不学可同圣人'，今我辈此体已失，恐须学、虑。"子曰："子若只学且虑，则圣终不可望矣。"曰："何以解之？"良久，谓曰："子闻予言，乃遽生疑耶？"曰："然。"曰："此果吾子欲使之疑耶？"曰："非欲之，但不能不疑也。"子叹曰："是即为不学而能矣。"其友亦欣然曰："诚然。"子复呼之曰："吾子心中此时觉炯炯然否？"曰："甚是炯炯。"曰："即欲不炯炯，得乎？"曰："自不容已。"子曰："是非不虑而知也耶？"

62. 问："不虑而知，此只可在孩提时说；既长，则自有许多事物，如何容得不虑？"子曰："不虑而知，是学问宗旨，要看得活。若说是人全不思虑，岂是道理？圣人见得世上人，知处大散漫而虑处大纷扰，故其知愈不精通、愈不停当，所以指示源头，说知本是天，不必杂以人为；知不待虑，不必起以思索。此则不惟从前散漫纷扰之病可以尽消，而天聪天明之用亦将旁烛而无疆矣。细推其立教之意，不是禁人之虑，却正是发人之虑也。"

63. 子曰："吾心良知妙用圆通，其体亦是洁净，如空谷声然，一呼即应，一应即止，前无自来，后无从去，彻古彻今，无昼无夜，更无一毫不了处。但因汝我不识本真，自生疑畏，却去见解以释其疑，而其疑愈不可释；支持以消其畏，而其畏愈觉难消。故功夫用得日勤，知体去得日远。今日须是斩钉截铁，更不容情。汝我言下一句即是一句，赤条条、光裸裸，直是空谷应声，更无沾滞，岂非人生一大快事耶？"

64. 子曰："人生天地间，原是一团灵气，万感万应而莫究根源，浑浑沦沦而初无名色，只一'心'字，亦是强立。后人不省，缘此起个念头，就会生做见识，因识露个光景，便谓吾心实有如是本体，实有如是朗照，实有如是澄湛，实有如是自在宽舒。不知此段光景，原从妄起，必随妄灭。及来应事接物，还是用着天然灵妙浑沦的心。此心尽在为他作主、干事，他却嫌其不见光景、形色，回头只去想念前段心体，甚至欲把捉终身以为纯一不已，望显发灵通以为宇太天光，用力愈劳而违心愈远矣。"

65. 子曰："此心之体，极是微妙轻清，纤尘也容不得。世人苦不解事，却使着许多粗重手脚，要去把捉搜寻。譬之一泓定水，本可鉴天澈地，才一动手，便波起明昏。世人惟怪水体难澄，而不知是自家乱去动手也。"

66. 子曰："无方体，则自然无穷尽；无穷尽，则才是无方体也。故此段家风，更无容你著口著脚处。"

67. 子曰："不能以天理之自然者为复，而独于心识之炯然处求之，则天以人胜，真以妄夺。君试反而思之，岂尝有胸中炯然，能终日而不忘耶？事为持守，能终日而不散耶？即能终日，及夜则又睡着矣。请君但浑身放下，视听言动，都且信任天机，自然而然，从前所喜胸次之炯炯、事务之循循，一切不做要紧，有也不觉其益，无也不觉其损，久则天自为主，人自听命，所谓'不识不知，顺帝之则'矣。"

68. 问："吾侪日来请教，或言'观心'，或言'行己'，或言'博学'，或言'主静'，先生皆未见许，然则谁人方可以言道耶？"曰："此捧茶童子却是道也。"众皆默然。有顷，一友率尔言曰："终不然此小童子也能戒谨恐惧耶？"子不暇答，但徐徐云："茶房到此，有几层厅事？"众曰："有三两层。"子叹曰："好造化！过许多门限阶级，幸未失足打破了瓯子。"其友方略省悟，曰："小童于此，果也似解戒惧，但奈何他日用不知。"子又难之曰："他若是不知，如何会捧茶？又会戒惧？"其友语塞。子徐为之解曰："汝辈只晓得说知，而不晓得知有两样。故童子日用捧茶是一个知，此则不虑而知，其知属之天也；觉得是知能捧茶又是一个知，此则以虑而知，而其知属之人也。天之知只是顺而出之，所谓顺则成人成物也；人之知却是反而求之，所谓逆则成圣成神也。故曰：'以先知觉后知，以先觉觉后觉。'人能以觉悟之窍而妙合不虑之良，使浑然为一而纯然无间，方是睿以通微，又曰神明不测也。噫！亦难矣哉，亦罕矣哉！"

69. 会中一友用工，每坐便闭目观心。子问之曰："君今相对，见得心中何如？"曰："炯炯然也。但恐不能保守，奈何？"曰："且莫论保守，只恐未是耳。"曰："此处更无虚假。"曰："可知炯炯有落处。"其友颇不豫。久之，稍及他事，随歌诗一首，乃徐徐谓曰："乃适来酬酢，自我观之，尽是明觉不爽，何必以炯炯在心为乎？况圣人之学本诸赤子，又征诸庶民，若坐下心中炯炯，却赤子原未带来，而与大众亦不一般也。盖浑非天性而出自人为，今日天人之分，便是将来神鬼之关。能以天明为明，则言动条畅，意气舒展，不为神明者无几；若只沉滞胸襟，留恋景光，幽阴既久，不为鬼者亦无几。噫！岂知此一念炯炯翻为鬼种，其中藏乃鬼窟也耶？"

70. 子因一友谓"吾侪今日只合时时照管本心、事事归依本性"者，反复订之而未解。时一二童子捧茶方至，子指而叹之曰："君视此时，与捧茶童子何如？"曰："信得更无两样。"顷之，子复问曰："不知君此时何所用功？"曰："此时觉心中光光晶晶，无有沾滞。"子曰："君前云'与捧茶童子一般'，说得尽是。至曰'心中觉光光晶晶，无有沾滞'，说得又自己翻帐也。"此友沉思久之，遽然起曰："我看来并未翻帐，先生何为此言？"子曰："童子现在，请君问他心中有此光景否？若无此光景，则分明与他两样矣。"曰："此果似两样，不知先生心中工夫，却是何如？"子曰："我底心，也无个中，也无个外；所用工夫，也不在心中，也不在心外。只说童子献茶来时，随众起而受之；已而从容啜毕，童子来接茶瓯时，又随众而与之。君必以心相求，则此无非是心；以工夫相求，则此无非是工夫；若以圣贤格言相求，则此亦可说'动静不失其时，而其道光明也'。"其友乃恍然有省。

71. 子曰："此心在人，原是天地神理，寂之与感，浑涵具在，言且难以着句，况能指陈而分析之也耶？但其妙用，则每因人互异。故即心而言，其初只是一样。若即人而论，则世固有知为学与不知为学之分；人之为学，又有善用功与不善用功之别。其不知为学者，姑置勿论。即虽知为学者，而工夫草次，则亦往往不向本源求个清莹，辄于末流图之。或当无事之时，而着意张主；或于有感之际，而尽力祛除。然见未透彻，把捉愈难。不惟寂体背驰，即感应未能安妥也已。惟夫明睿过人、资近上智者，则工夫不肯浪用，而汲汲以知性为先，究悉明言，询求哲匠，体察沉潜，而性命之蕴能默识心通，便自朝至暮，纵应感纷纭，却直养之功荡平自在，静定之妙寂照圆通。世人则终身滞泥于应感之偏，而至人则无日无时而不从容于不动之中矣。"曰："今世亦有坚忍强学者，虽心体未透，然工夫深入，亦能于事变不动，难说其终不能寂也。"曰："此心至灵，何所①不有？若果强而求之，岂惟事变不动，禅家二乘者流，其坐入静定，有千百余岁而一念不起者。然自明眼观之，终是凡夫，与此心真体毫无干涉也。可不慎哉！"

72. 问："《大学》之首'知止'，《中庸》之重'知天''知人'，而《论语》却言'吾有知乎哉，无知也'。博观经书，言'知'处甚多，而'不识不知'，惟《诗》则一言之，然未有若夫子直言'无知'之明决如此者。请问其旨？"子曰："吾人之学，专在尽心，而心之为心，专在明觉。如今日会堂，什伯其众，谁不晓得相见、晓得坐立、晓得问答、晓得思量。此个明觉晓得，即是本心；此个本心，亦只是明觉晓得而已。事物无大小之分，时候无久暂之间，真是彻天彻地而贯古贯今也。但人之明觉晓得，其体之涵诸心也，最为精

①　"所"，原作"有"，其后有小字夹注云："一本作'所'字。"今据文意改之。

妙；其用之应于感也，又极神灵。事之既至，则显诸仁，而昭然若常自知矣；事之未来，则藏诸用，而茫然浑然，知若全无矣。非知之果无也，心境暂寂，而觉照无自而起也。譬之身之五官，口可闭而不言，目可闭而不视；惟鼻孔无闭，香来即知嗅之，其知实常在也；耳孔无闭，声来即知听之，其知亦常在也。然嗅之知也，必须香来始出，时或无香，便无嗅之知矣；听之知也，必须声来始出，时或无声，便无听之知矣。孔子当鄙夫之未问，却如音未临乎耳，香未接夫鼻，安得不谓其'空空'而'无知'耶？及鄙夫既问，则其事其物，'两端'具在。亦即如音之远近，从耳听以区分；香之美恶，从鼻嗅以辨别。鄙夫之'两端'，不亦从吾心之所知，以'扣'且'竭'之也哉？但学者须晓得，圣人此论，原不为鄙夫之问，而只为明此心之体。盖吾心之能知，人人皆认得，亦人人皆说得；至心体之无知，则人人皆认不得，人人皆说不得。天下古今之人，只缘此处认不真，便心之知也常无主宰，而杂扰以至丧真；只缘此处说不出，便言之立也多无根据，而支离以至畔道。若上智之资、深造之力，一闻此语，则当下知体即自澄澈，物感亦自融通，所谓无知而无不知，而天下之真知在我矣。噫！圣人于此，宁非苦心之极也哉？"

73. 问："喜怒哀乐'未发'，是何等时候，亦是何等气象？"子曰："此是先儒看道太深，把圣言忆想过奇，便说有何等气象可观也。盖此书原唤做'中庸'，只平平常常解释，便自妥当，且更明快。盖'维天之命，於穆不已'，命不已则性不已，性不已则率之为道亦不已，而无须臾之或离也。此个性、道体段原常是浑浑沦沦而中，亦常是顺顺畅畅而和。我今与汝，终日语默动静、出入起居，虽是人意周旋，莫非天机活泼也。即于今日，直至老死，更无二样，所谓人性皆善，愚夫愚妇可与知与能者也。而中间只恐怕喜怒哀乐或至拂性违和，若时时畏天奉命，不过其节，即喜怒哀乐总是一团和气，天地无不感通，民物无不归顺，相安相养，而太和在我大明宇宙间矣。此只是人情才到极平易处，而不觉功化却到极神圣处也。噫！人亦何苦而不把'中庸'释《中庸》，亦何苦而不把'中庸'服行《中庸》也哉？"

74. 问："'先王以至日闭关，商旅不行，后不省方'，其意何如？"子曰："此圣人学问吃紧第一义也，切不可浅近而窥，轻易而说。常见学者每谓阳初生而微，岂未闻虞廷所谓'道心惟微'矣乎？盖心不微则不得谓之道，而几不微亦不得谓之阳也。故曰'纯粹以精'，又曰'洁净精微'，又曰'诚神几曰圣人也'。故商旅之行，欲有所得者也；后之省方，欲有所见者也。今果会得此心，浑然是一太极，充天塞地更无一毫声臭，彻表极里亦无一毫景象，则欲得之心泯而外无所入，欲见之心息而内无所出。如此，则其体自然纯粹以精，其功自然洁净而微，其人亦自然诚神而几以优入圣域而莫可测识也已。"

75. 问："《易》首乾坤，而乾坤必先易简？"子曰："'乾以易知，坤以简能'，今谓易简为乾坤所先，果是有见。但细细看来，学问固有先后，而其中尤有根原，论此二句，则知能又有根原也。盖言易则必有难，言简则必有烦。今世学者，每耽静趣，而事为多至脱略，未必非此误之。殊不思本经云'德行恒易以知险，恒简以知阻'，险阻，则烦难未尝可略也；又云'易简而天下之理得'，理以天下，则亦未尝脱略乎烦难也。惟是知能，则首尾俱皆彻透，易而可该难，简而可该烦，所谓一以贯之，而为圣学之全者也。虽然，此'知''能'二字，本是《易经》精髓，然晦昧不显将千百年于兹矣。古今惟是孔孟两人，默默打得个照面，如曰'不虑而知'，其知何等易也，然赤子孩提，孰知之哉？天则知之耳。'不学而能'，其能何等简也，然赤子孩提，孰能之哉？天则能之耳。想当时孟子，只是从赤子孩提此处觑破，便洪纤高下、动植飞潜，自一人以及万人，自一物以及万物，自一处以及万方，自一息以及万载，皆是一样知能，皆是一样不虑不学，岂不皆是一个造化知能之所，神明而不测也哉！故曰：'尽其心者，知其性也。知其性，则知天矣。'今世学者，于赤子之良知良能已久废置不讲，于孟子'性善'一言，则咸疑贰不信，又安望其潜通默识而上达乎乾坤之知能也哉？有志者盍图之！"

76. 问："乾坤知能，世人果是久不讲明，今欲讲明，敢请指示个入处？"子曰："天之与人，其体原是一个，则所知所能，亦原是一般。今且于人之知能讲明，便造化之知能不愁无入处也。奈今之人，于人之知能见之者亦罕矣。盖知能似有两样，若粗浅分别，则知能有至大至久者，今则忘其大而求之小，弃其久而索之暂矣。何言乎大也？自中国以及四夷，自朝市以及里巷，无人不有此良知良能，何其大也；自晨兴以至夕寐，从孩提直至老耄，无时不用此良知良能，何其久也！此个知能，平铺遍在圣凡，洋溢充乎宇内。性之原是天命，率之便是圣功，争奈他知则自然而知，不假些子思想；能即自然而能，不费些子学习。有知之实，无知之名；有能之用，无能之迹。究竟固云久大，当下却似枯淡。后世学者把捉不着，遂从新去学问，以开明其心；从新去效法，以强力于己。此其工夫，比之不虑不学之初，更有许多意趣、许大执持，确信以为入圣途径，授受传至于今，训诂蔓延充栋，讵知四书五经之知能，不是今日之集说讲套也！”

或以为今之所谓知能，果是纤细而不可语大，间断而难以语久，但未知到得纯熟之时，亦可以成道入圣否？子曰：“世间各色伎俩，熟极皆可语圣，况以道而为圣乎？第孟子于此处，极是判断分明，故曰‘圣人之于天道也，命也’，可见圣人万千不同，天道则难得吻合。所以‘浩然’一章，历叙今古贤圣，而愿学只是孔子一人。至表扬孔子，则又只是'圣之时也'一句,即《中庸》'溥博渊泉,而时出之',以窥测底里,即曰'溥博如天,渊泉如渊',又曰'渊渊其渊,浩浩其天'。则圣人之言行动作,其时之足以世为天下法,则去处已是人所共见闻、共信从而昭彰莫掩,若其时之所由来,究竟终藏处如许之大、之深,却不去讲求探索是何境界、是何端倪,能使造化常出此时,以妙应无方,能使圣人常率此时,以泛应曲当。故世人止滞知能之迹,而不知求知能之蕴。今欲见得其蕴无他,说他无知,却明白晓了而毫发不差;说他无能,却活泼周旋而纤微悉举;说他有知,却原非思虑,虽分晓而实沕穆;说他有能,却原非黾勉,虽活泼而实浑沦。似有而不容以有执,似无而不可以无忘。将谓几属于人,而人力殆难至是;将谓几属于天,而天心渺不可穷。果是这个知能,言思路绝而难于形状者,然独喜周公之颂文德,而曰:'不识不知,顺帝之则。'夫穷索以为知,分别以为识,皆吾人之作而致其聪明者也。今曰'不识不知',则森列目中者可以一时而俱泯。帝固尊高难见,则实日监在兹,皆吾人之忽而委诸茫荡者也。今曰'顺帝之则',则知能之深远者亦随处而毕露。夫尘念既息则神理自彰，天德出宁则造作俱废，其机固每相乘除也已。况吾夫子自言：'吾有知乎哉？无知也。有鄙夫问于我，空空如也。'孟子自言：'我善养吾浩然之气，至大至刚，塞乎天地之间。'此与周公之言文德者，信乎其为先后一揆。而有志于圣神造化之蕴者，其尚于是而竭才究心可也。"

77. 问："此心每日觉有二念，善念多为杂念所胜。又，见人不如意，长生忿嫉，从容尚可调停，仓卒必至暴发，事已又生悔恨者。"子曰："心是活物，应感无定而出入无常，即圣贤未至纯一处，其念头亦不免互动。《定性书》云'惟怒为难制'，则人情大抵然也。譬之天下路径，不免石块高低；天下河道，不免滩濑纵横。惟善推车者，其辕轮迅发则块磊不能为碍；善操舟者，篙桨方便则滩濑不能为阻也。况所云念头之杂、忿怒之形，亦皆是说前日后日事也。孔子谓'不追既往，不逆将来'，工夫紧要，只论目前。今且说此时相对，中心念头果是何如？"曰："若论此一时，则此已恭敬安和，只在专志听教，一念杂念也自不生。"曰："吾子既已见得此时心体有如此好处，却果信得透彻否？"大众忻然起曰："据此时心体，的确可以为圣为贤而甚无难事也。"曰："诸君目前各各奋跃，此正是车轮转处，亦是桨势快处，更愁有甚么崎岖可以阻得你？有甚滩濑可以滞得你？况'民之秉彝，好是懿德'，则此个轮极是易转，此个桨极为易操，而王道荡平，终身由之，而何有于崎岖滩濑也？故《易经》自'黄中通理'便到畅四肢、发事业，孟子自'可欲之善'便到大而化、圣而神，今古一路学脉，真是简易直截，真是快活方便。奈何天下推车者日数千百人，未闻以崎岖而回辙；行舟者亦数千百人，未闻以滩濑而倚桡。而人之学圣贤者，则车未曾推、舟未曾发而预愁崎岖之阻、滩濑之艰，此岂途路之扼吾人哉？亦果吾人之自扼也哉？诚不可不自省也。"

78. 问："别后功夫常苦间断，奈何？"子曰："工夫得不间断，方是圣体。若稍觉有间，纵是平日说有工夫，亦还在凡夫境界上展转，都算帐不得。故学者欲知圣凡之分，只在自考工夫间断不间断耳。"曰："工夫不能超凡入圣，恐多是不熟所致？"曰："凡境与圣体，相去如天渊之隔，相异犹水火之反。凡境工夫纵熟亦终是凡，如水纵热亦只是水，不可谓水热极便成火也。"

79. 问："平日在慎独上用工，颇为专笃，然杂念纷扰，终难止息，如何乃可？"子曰："学问之功，必须辨别源头分晓，方有次第。且言如何为独？"曰："独者，吾心独知之地也。""又如何为慎独？"曰："吾心念虑纷杂，或有时而明，或有时而昏，或有时而定，或有时而乱，须详察而严治之，则慎也。"曰："即子之言，则慎杂非慎独也。盖独以自知者，心之体也，一而弗二者也；杂其所知者，心之照也，二而弗一者也。君子于此，因其悟得心体在我，至隐至微，莫见莫显，精神归一，无须臾之离散，故谓之慎独也。"曰："所谓慎独者，盖如治其昏，而后独可得而明也；治其乱，而后独可得而定也。若非慎其杂，又安能慎其独也耶？"曰："明之可昏，定之可乱，皆二而非一也。独知也者，吾心之良知，天之明命而於穆不已也。明固知明而昏亦知昏，昏明二而其知则一也；定固知定而乱亦知乱，定乱二而其知则一也。古今圣贤惓惓切切，只为这些子费却其精神，珍之重之，存之养之，为天地立心，为生民立命，总在此一处致慎也。"曰："然则杂念俱置之不问耶？"曰："隶胥之在于官府，兵卒之在乎营伍，杂念之类也。宪使升堂而隶胥自肃，将帅登坛而兵卒自严，则慎独之与杂念之谓也。今不思自作宪使、将帅，而惟隶胥、兵卒之求焉，不亦悖且难也哉？"

80. 子曰："独之灵体，通彻于帝天；独之妙用，昭察于率土。《中庸》指其为见、显，则慎之所自起；《大学》严之于好、恶，而慎之所由施。"

81. 子曰："夷、惠、冉、闵诸公，总未跳出善人窠臼，今要跳出，则须先过信人一关。盖善即圣堂，广大无边，贯通不隔，万物皆备，千载同然，中间却有一个门限，所谓'信有诸己'也。只到此关，则人人生疑，信者万无一二。既信关难过，则美大圣神、深宫密室又安能窥其邃奥、享其荣盛哉？"

82. 问："孔子临终逍遥，窃想其气象，不惟先能知得时节，而其归止去向，似极大安乐。不识可闻其概否？"子曰："诸君遽忘所谓本来面目也耶？夫形体虽显而其质凝滞，本心虽隐而其用圆通。故'小人长戚戚'者，务活其形者也；'君子坦荡荡'者，务活其心者也。形当活时，尚苦滞碍，况其僵仆而死也耶！心在躯壳，尚能圆通，况离形超脱，则乘化御天，周流六虚，无俟推测，即是此时对面，而其理固明白现前也已！"

83. 有问："平生极喜谈玄，一闻人可长生，真是踊跃不胜。但往往求师指示，皆欲我将形气修炼，其工夫又觉甚苦。今闻本来面目之说，方认得长生是指此个东西，然而此个东西如何下手修炼也？"子曰："此个东西，本来神妙，不以修炼而增，亦不以不修炼而减。其最先下手，只在自己能悟，悟后又在自己能好能乐，至于天下更无以尚，则打成一片而形神俱妙、与道合真矣。若悟处不透，与好乐不真，则面目虽露而随物有迁。验之心思梦寐之间，倏然而水，倏然而火，倏然而妖淫，倏然而狗马，人化物，而天真之本来者，将变灭而无几矣。噫！可畏也！"

84. 子曰："闻之《语》曰'仁者寿'，夫仁，天地之生德也。天地之德，生为大；天地之生也，仁为大。是人之有生于天地也，必合天地之生以为生，而其生乃仁也；必合天地之仁以为仁，而其仁乃寿也。古《诗》《书》之言寿也，必曰'无疆'，必曰'无期'。夫'无期'云者，所引之恒久则尔也，是仁之生生而不息焉者也；'无疆'云者，所被之广博则尔也，是仁之生生而无外焉者也。是以大人之生也，生吾之身以及吾家、以及吾国、以及吾天下而其生无外焉，而吾此身之生始仁也；生兹一日，以至于百年、以至于千年、以至于万年，而其生不息焉，而吾此日之生始仁也。如是而仁焉，而谓仁之不足为寿也，吾弗之然也；如是而寿焉，而谓寿之不本于仁也，吾弗之然也。"

85. 子曰："微乎渊哉！斯道之为蕴，而此心之为妙乎，流通于万窍，而形质莫之或拘；枢干夫三才，而端绪莫之或泥。内外两忘而无人之弗我，形神浑化而无我之非天，则非惟身寿之不足为重轻，即名寿且无能为久近矣。"

86. 子曰："天地无心，以生物为心。今若独言心字，则我有心，而汝亦有心；人有心，而物亦有心。何啻千殊万异？善言心者，不如以'生'字代之，则在天之日月星辰，在地之山川民物，在吾人之视听言动，浑然是此生生为机，则同然是此天心为复。故言下着一'生'字，便心与复即时浑合，而天与地、我与物，亦即时贯通联属而不容二也已。"

87. 问："'万物皆备'一章，其说何如？"子曰："有宋大儒，莫过明道，而明道先生入手，则全在'学者须先识仁'。而'识仁'之说，则全是体贴'万物皆备于我'一章。今学者能于孔门求仁宗旨明了，则看孟子此章之说，其意便活泼难穷矣。盖天本无心，以生万物而为心；心本不生，以灵妙而自生。故天地之间，万万其物也，而万万之物，莫非天地生物之心之所由生也；天地之物，万万其生也，而万万之生，亦莫非天地之心之灵妙所由显也。谓之曰'万物皆备于我'，则我之为我也，固尽品汇之生以为生，亦尽造化之灵以为灵。则我之与天，原非二体，而物之与我，又奚有殊致也哉？是为天地之大德，而实物我之同仁也。反而求之，则我身之目，诚善万物之色；我身之口，诚善万物之味；至于我身之心，诚善万物之性情。故我身以万物而为体，万物以我身而为用。其初也，身不自身，而备物乃所以身其身；其既也，物不徒物，而反身乃所以物其物。是惟不立，而身立则物无不立；是惟不达，而身达则物无不达。盖其为体也诚一，则其为用也自周。此之谓'君子体仁以长人'，亦所谓仁人'顺事而恕施'也。岂不易简，岂不大乐也哉？其有未诚者，事在勉强而已。勉强云者，强求诸其身也；强求诸身者，强识乎万物之所以皆备尔也。果能此道，则虽愚必明，虽柔必强。物我浑合之几，既体之信而无疑；则生化圆融之妙，自达之顺而靡滞。尚何恕之不可行，又奚仁之不可近也哉？故思欲近仁，惟在强恕；将图强恕，必务反身。然反身莫强于体物，而体物尤贵于达天。非孔门求仁之至蕴而孟氏愿学之的矩也欤哉？"

88. 问："寻常如何用工者？"子曰："工夫岂有定法？不佞有时静思，此身百年，今已过多，中间履历，或忧戚苦恼，或顺逆忻欢，今皆窅然如一大梦。当时通身汗出，觉得苦者不必去苦，忻者不必去忻，终是同归于尽。翻然再思，过去多半只是如此，则将来一半亦只如此，通总百年都只如此，却成一片好宽平世界也。"或曰："圣人常言'君子坦荡荡'，恐亦于此处见得而然。"子曰："果然，果然！"问者诘曰："然则喜怒哀乐皆可无耶？"曰："喜怒哀乐，皆因感触而形。故心如空谷，呼之即响，原非其本有也。今只虑子之心未坦荡耳，若果坦荡，方可言未发之中。既是未发之中，又何患无已发之和耶？君子戒谨恐惧，正怕失了此个受用，无以为位天地、育万物本原也。"

89. 问："近时用工，殊觉思虑起灭、不得宁妥者。"子曰："天下事理，皆先本根，本根既正，则末节无难矣。今度所论工夫，原非思虑之不宁，实由心体之未透也。盖吾人日用，思虑虽有万端，而心神止是一个。遇万念以滞思虑，则满腔浑是起灭，其功似属烦难；若就一念以宰运化，则众动更无分别。《易》曰：'天下何思何虑？天下殊途而同归，百虑而一致。'夫虑以百言，此心非果无思虑也。惟一致以统之，则返殊而为同，化感而为寂，浑是妙心，更无他物。欲求纤毫之思，亦了不可得也已。"

90. 问："'扫尽浮云而见青天白日'，与吾儒宗旨同否？"子曰："后世诸儒亦有错认以此为治心工夫者，然与孔孟宗旨则迥然冰炭也。夫《语》《孟》俱在，如曰'苟志于仁，无恶也'，又曰'我欲仁，斯仁至矣'，又曰'凡有四端于我者，知皆扩而充之，若火之始然，泉之始达。苟能充之，足以保四海'。看他受用，浑是青天白日，何等简易，又何等方便也？"曰："既是如此，何故世人却不能尽如孔孟耶？"子曰："此则由于习染太深，闻见浑杂，纵有志向学者，亦莫可下手也。"

曰:"此等习染见闻,难说不是天日的浮云。故今日学者,工夫须如磨镜,将尘垢决去,方得光明显现耳。"子曰:"观之孟子谓'知皆扩充',即一'知'字,果是要光明显现,但吾心觉悟的光明与镜面光明却有不同,何则?镜面光明与尘垢原是两个,吾心之先迷后觉却是一个。当其觉时,即迷心为觉;则当其迷时,亦即觉心为迷。除觉之外,更无所谓迷;而除迷之外,亦更无所谓觉也。故浮云天日、尘垢镜光俱不足为喻。若必欲寻个善喻,莫如冰之与水,犹为相近也。若吾人闲居放肆,一切利欲愁苦即是心迷,譬之水之遇寒而凝结成冰,固滞蒙昧,势所必至;有时共师友谈论,胸次潇洒,则是心开朗,譬之冰遇暖气,消融成水,清莹活动,亦势所必至也。况冰虽凝而水体无殊,觉虽迷而心体具在,方见良知宗旨,真是贯古今、彻圣愚、通天地万物而无二无息;孔孟之功,真是为天地立心、为生民立命而开太平于万万世也已。"

91. 友人有请训迪者。子曰:"圣贤惓惓垂教天下后世,有许多经传,不为其他,只为吾侪此身,故曰'道不远人';且不在其他,而在于此时,故曰'道也者,不可须臾离'。夫此身此时立谈相对，既浑然皆道，则圣贤许多经传亦皆可以会而通之。如《论语》所谓'时习而悦''朋来而乐'，《中庸》所谓'率性为道''修道为教'，《大学》所谓'在明明德''在亲民'，《孟子》所谓'人性皆善'而'浩然塞乎天地之间'，字字句句，无一而不于此身此时相对立谈而明白显现、兼总条贯矣。由此观之，天下之人只为无圣贤经传唤醒，便各各昏睡，虽在大道之中而忘其为道，所以'百姓日用而不知'。及至知之，则许多道妙、许大快乐即是相对立谈之身，即在相对立谈之顷，现成完备而无欠无余。如昏睡得醒之人，虽耳目惺然爽快，然其身亦只是前时昏睡之身而非有他也，故曰'天之生斯民也，以先知觉后知，以先觉觉后觉'。诸君能趁此一刻之觉而延之刻刻，积刻成时，又延一时以至时时，积时成日，又延一日以至日日，久之以至终身岁月，皆如今此相对立谈而不异焉，则源泉涓滴到海有期，核种纤芽结果可待。生意既真，便自久久不息，而至诚纯一之境，只在此一觉之功以得之，而无事旁求也已。"

92. 问："日来所教，尚有求而未得者。"子曰："子于所求未得而心即知之，未尝或昧，是汝心之本然明否?"曰:"是心之本明也。"曰:"心知未得而口即言之,未尝或差,是汝口之本然能否?"曰:"是口之本能也。"曰:"心本明而知未尝或昧,口本能而言未尝或差,则此身此道果不离于须臾也。"曰:"今蒙开示,果然如睡,既唤而醒,然有所得矣。"曰:"子之心,不特昨日之未得知之,而今日之既得亦复知之;子之口,不特昨日之未得能言之,而今日之既得亦复能言之。则此身此道不止不离于须臾,而可引之终身也。况以圣贤经传而会通之,则心之已得、未得而一一知之不昧,即所谓'明明德'也;口之未得、已得而一一言之不差,即所谓'率性之谓道'也。以心之所明者、以性之所率者彼此相与切磋讲究,即所谓'在亲民'而'修道之谓教'也;学者如是学,即所谓'为之不厌''时习而悦'也;教者如是教,即所谓'诲人不倦''朋来而乐'也。然则孟子所谓'人性皆善'者,固于此益信其不诬,而所谓'浩然以塞乎天地之间'者,亦可立待以观乎至诚无息之妙矣。"

93. 问:"诸生此时闻教,不止昏睡获醒,且觉志意勃勃,兴动而不能自已者。"子曰:"此道生机在于吾身，原是至真无妄、至一无二，故虽不及后世训诂之学有几许道理可以寻思，亦不及后世把捉之学有几许工夫可以操执，然而些子良知之知、些子良能之能，却如有源之泉涓涓而不断，有种之芽滋滋而不息，可以自须臾而引之终身，从今日而通之万世，穀足受用，固无余剩，亦无欠缺也。"

曰："先儒谓'随时体认天理'，恐亦是此意否？"

子曰："'天理二字，是某自家体贴出来'，此明道先生语也。盖明道之学，在先识仁，其谓'不须穷索，不须防检'，直是见得此理与天同体，冲漠而无朕，如何索得？运行而无迹，如何执得？然孩提不虑而知是与知，孩提不学而能是与能，则又天之明命在人自尔虚灵，天之真机在人自尔妙应。故只从此须臾之顷悟得透、信得及，则良知以为知，若无知而自无所不知；良能以为能，若无能而自无所不能。所谓'明德'也者，应如是而明，所谓'率性'也者，应如是而率，赤子之心不失而大人入圣之事备矣。不然，从思索以探道理，泥景象以成操执，彼方自谓用力于学，而不知物焉而不神，迹焉而弗化，于天然自有之知能日远日背，反不若常人虽云不知向学而其赤子之体尚浑沦于日用之间，若泉源虽不导而自流，果种虽不培而自活也。"
诸生咸踊跃再拜曰："吾侪自昨晚以至今日反求诸
心，果然未尝顷刻而不明白，亦未尝顷刻而不活泼
也，虽居人世，实与天游矣。夫子之造化吾侪也，
何其大且远也耶！"

94. 问："诸生领教于天机之妙固已跃然，但
不征以人事又恐或涉于玄虚，奈何？"子曰："天机
人事原不可二。固未有天机而无人事，亦未有人事
而非天机。只缘世之用智者外天机以为人事，自私
者又外人事以求天机，而道术于是乎或几于裂矣。
所以孔孟立教，为天下后世定个极则，曰'尧舜之
道，孝弟而已矣'。孝者，孩提无不知爱其亲者也；
弟者，少长无不知敬其兄者也。故以言乎身之必
具，则曰'仁者人也，亲亲为大'；以言乎时之不
离，则曰'一举足而不敢忘，一出言而不敢忘'。
'迩可远在兹也'，则廓之而横乎四海；暂可久在兹
也，则垂之万世而无朝夕。此便是'大人不失赤子
之心'之实理实事，后世不察，乃谓孝之与弟，止
举圣道之切近者为言。噫！天下之理，岂有妙于不
思而得者乎？孝弟之不虑而知，即所谓不思而得
也。天下之行，岂有神于不勉而中者乎？孝弟之不

学而能，即所谓不勉而中也。故舍却孝弟之不虑而知，则尧舜之不思而得必不可至；舍却孝弟之不学而能，则尧舜之不勉而中必不可及。即如赴海者流，须发于源泉，而桔橰沼潴纵多而无用也；结果者芽，须萌于真种，而染彩镂画徒劳而鲜功也。其曰'尧舜之道，孝弟而已矣'，岂是有意将浅近之事以见尧舜可为？乃是直指入道之途径，明揭造圣之指南，为天下一切有志之士而安魂定魄、一切拂经之人而起死回生也。诸君能日用周旋于事亲从兄之间，以涵泳乎良知良能之妙，俾此身此道不离于须臾之顷焉，则人皆尧舜之归而世皆雍熙之化矣。"

95. 子在会，每每训诸童子耳目聪明曰："此即是汝之良知，终日终夜更无不知之时也。"诸童子各各应声如响。或曰："'谁能出不由户，何莫由斯道也？'如何孔子复有此叹？"子曰："圣人此语，正是形容良知无须臾离，如曰人皆晓得由户，则其终日所行何莫而非斯道也。"或曰："既是人皆晓得，如何却有殴父骂母之辈？"子曰："此辈固是极恶，然难说其心便自家不晓得是恶也。"或曰："虽是晓得，却算不得。"子曰："虽是算不得，却终是晓得。可见人心良知果是须臾不离也。"或者默然。子因呼在坐者曰："不佞有一语与诸君商之，孔子云人性相近，是说天下中人居多，故其立教亦以中庸为至。即如此会四五百人，谁便即能到得尧舜？然其道只是孝弟，孝弟则人人可为也。亦谁便肯身为盗跖？但只是大人却亦不能无过，只是过则能改。过而不改，是谓过矣。今日若说聪明必如圣人，则此学人未易承当；若说作恶皆如盗跖，则此学人亦难招认。岂知天生大圣人，固是不偶；其生大恶人，亦是不偶。故今日吾侪多是中人，既是中人，则迁善改过可以勉强而不终于下愚，爱亲敬长亦可勉强而不背乎上智。如此为学，其学可尽通于贤愚；如此为会，其会可大通于远近；如此为道，其道可直达于古今。故曰：'人人亲其亲、长其长而天下平。'吾人出世一场，得亲见天下太平亦足矣，又何必虚见空谈清奇奥妙，割股庐墓，希望高远，而终不足以济实用？又何必束手缚足，畏缩矜持，而苦节贞凶也哉？"

96. 五华书院大会，诸生有讲"仕而优则学"章者。子曰："汝曹今日且须究竟圣贤平生所学者，为学个甚么？所仕者，为仕个甚么？如《大学》诚意、正心、修身是所谓学，而齐家、治国、平天下是所谓仕，中间贯串一句只说‘明明德于天下’，至其实实作用只是个‘孝者所以事君’‘弟者所以事长’‘慈者所以使众’，‘上老老而民兴孝，上长长而民兴弟，上恤孤而民不倍’。细说似有两件，贯穿实为一事。故孔子言志，独以‘老安’‘少怀’‘朋友信’为个话头。看他所志如此，则学便是学这个，仕便是仕这个，此外更无所谓学，更无所谓仕，亦更无所谓志也已。”

97. 大理诸生讲‘颜渊问仁’一章、‘司马牛问仁’一章、‘樊迟问仁’一章、‘子路问政’一章、‘子贡问师与商也孰贤’一章既毕，郡守莫君请子启迪。子顾诸生语曰：“适讲说许多书，俱是敷陈世间道理。今大众聚于一堂，如此坐立，如此相问，却是面前实事。诸生各以方才口中说的道理，与今身子上的行事打个对同，果浑然相合耶？抑尚不免有所间隔也？”诸生默然。子作而叹曰：“适才许多讲说，却与汝辈身上一些对同不来，则推之平时窗下之读诵，与他日场中之文词，皆只是一段虚见、一场闲话而一套空理矣，与汝竟何益耶？故今讲孔子的书，便须体察孔子当时提醒门下诸贤的一段精神。盖当时诸贤，亦如汝辈欲理会道理来者，孔子则句句字字只打归各人身上，去求个实落受用，如答颜渊、仲弓，以至子路、子贡，莫不同是此段精神。就是后来记者将此议论作成经书，汉宋诸儒将此经书演成注疏，我国家制令又将经书、注疏立成科试，及诸上司岁时进讲，皆是接续孔子当时一段精神，使天下万世人人皆得个实落受用耳。"

时一堂下上，将千百余众，咸肃然静听，更无有一人躁动者。子亦端坐，少顷，因谓莫守曰："试观此际诸生意思何如？"莫守忻忻起曰："此时一堂意思，却与孔门当时问答精神大约相似。"子曰："岂惟精神可与对同，即初讲诸书亦可以一一对同也。盖此一堂，下如舆皂，次如乡约父老，次而胥吏，次而生儒，又上如郡邑僚属，其人品等级，诚难一概。若论此时静肃敬对，一段意气光景，则贱固不殊乎贵，上亦无异于下。地方远近，不能为之分；形体长短，不能为之限。譬之洱海之水，其来有从瀑而下者，有从穴而出者，今则澄汇一泓、镜平百里，更无高下可以分别。既无高下可以分别，则又孰可以为太过、孰可以为不及也哉？既浑然一样，而无过、不及，则予与郡邑以是意先之劳之，诸士民亦以是意而顺之从之，相通相爱。在上者真是鼓舞而不倦，在下者亦皆平正而无枉，欲求一不仁之事、不仁之人于此堂之前后左右也，宁不远去而莫可复得也耶？吾人能以此段平明之体而养之于中，便可以语司马牛之'心存不放'；能以此段平明之心而推之于众，便可以语仲弓之'所恶勿施'；又能扩而充之，便可以语颜子'克己复礼而天下归仁'矣。故孔门宗旨，只是教人求仁；而吾人工夫，只是先须识仁。此时此会，堂下上百千其心，而共一忻忻爱乐之情；百千其目，而共一明明觌面之视；百千其耳，而共一灵灵倾向之听；百千其口，而共一肃肃无浄之止；百千其手足，而共一济济不动之立站。故圣人指点仁体，每曰'仁者人也'，又曰'君子之道，本诸身，征诸庶民'，正说此堂，我是个人，大众也是个人，我是这般意思，大众也是这般意思。若识此一段意思，便识得当时所谓'天下归仁'者，是说天下之人都浑然在天地造化一团虚明活泼之中也。此一段虚明活泼之仁，从孩提少长，便良知良能，所谓'人之生也直'而无或枉也；即愚夫愚妇，皆与知与能，所谓'用中于民'也。孔门惟颜渊、仲弓，此段意思能自承当，所以于己便复得礼，于人便行得恕，故一可为邦、一可南面，直是此个体段承当得来，便自无我无人、无远无近而浑然合一。若子张、子路诸贤，不肯输心向这里承当，却谓圣贤之学必有个异乎人处，所以或见我不如人，或见人不如我，或见古不如今、今不如古，或见凡不是圣、圣不是凡，较短论长，是内非外，或失则太过，或失则不及，或失则躁动，或失则怠倦。至于司马牛、樊迟，则圣人虽把目前事指点与他，他却必要生疑，盖他定说'圣人为学，决有别一种道理，而不应如此易易也'。"

于时满堂闻者，翕然称快，至依依恋恋，不忍别去。因命之歌，则歌"南山"五章；命再歌，则歌"胜日寻芳"一首。子顾诸生笑曰："汝我之依依恋恋，庶几乎东风面目而恺弟乐只矣乎？满堂上下，亦庶几乎千红万紫而邦家之基之光矣乎！况天地生机充长无尽，自兹方而遍之天下，从此日而引之终古，其万年而无疆无期也，亦在汝我之勉力何如耳？"子敬起，以称谢于郡邑僚属及诸师生，师生及各僚属亦再四于子致感。时方朝雾净展，杲日空悬，光耀临阶，昭融特甚。子复揖诸君而申论之曰："太阳有赫，吾明德也。古之人光被四表，即'明明德于天下'而'天下归仁'也。慎之哉！此际人己相通，心目炯炯，是则海底红轮而'复以自知'处也。颜，何人哉？希之则是。惟诸君珍重，珍重！"

下 卷

98. 明德子罗子大会于南京之凭虚阁。或问"君子之道费而隐"，子曰："诸君试看六经中语道之文，曾有如此'费'字之奇特者乎？盖吾夫子学《易》到广生、大生，去处满眼乾坤，如百万富翁，日用浩费无涯，乃说出这个字面。善体圣心者，便从'费'字以求'隐'字，则富翁之百万宝藏，一时具见矣。故'费'是说乾坤生化之广大，'隐'是说生不徒生，而存诸中者，生生而莫量；化不徒化，而蕴诸内者，化化而无方。故'费'字之奇，不如'隐'字之尤奇；'费'字之重，又不如'隐'字之尤重。'费'则只见其生化之无疆处，而'隐'则方表其不止无疆、而且无尽处。"

　　又曰："圣人的确见得时中分明、发得时中透彻，不过只在此个'费隐'。故曰：'溥博渊泉而时出之。溥博如天，渊泉如渊。'夫时中即是时出，时时中出，即是浩费无疆、宝藏无尽。平铺于日用之间，而无人无我；常在乎目睫之下，而无古无今。真如巨富之家，随众穿也穿不了，随众吃也吃不了，随众受用更也受用不了。君子'尊德性'者，是尊此个德性；敬畏天命者，是敬畏此个天命；乐其日用之常者，是乐此个日用之常。大人之所以不失赤子良心者，是不失此个赤子良心。后世道术无传，于天命之性漫然莫解，便把吾人日用恒性，全不看上眼界，全不著在心胸，或疑其为恶，或猜其为混，或妄第有三品，遂至肆无忌惮而不加尊奉敬畏，则卒至于'索隐行怪'而'反中庸'矣。盖由其不见大用显行，遍满寰穹，便思于静僻幽隐处着力，谓就中须养出端倪，又谓看喜怒哀乐以前作何气象；不见孩提爱敬与夫妇知能，浑然天然大道，便思生今反古、刻意尚行，而做出一番奇崛险怪、惊世骇俗之事。此岂不是'不知天命而不畏'，遂至'反中庸'者哉？"

　　99. 子会于从姑山之长春阁。忽问新城在川黄君天祥曰："君是黄家子否?"曰:"是。"曰:"既是黄家子,胡不管黄家事?"黄君亦有省,但曰:"非不欲管黄家事,其如主人弱何?"子曰:"虽孱弱主人,才管事,黄家犹有靠托。如弗肯管,即强壮无益,而黄家亦虚生此子也。"在坐皆矍然。

100. 子大会建昌之城隍庙。呼文塘黎君允儒,及宁国梅井郭君忠信辈,语之曰:"只是孝弟便是尧舜,便是明明德于天下。譬之溪涧,此为一窦,此为一淙,殊觉小小;群山合流,众壑聚派,即为江河。一人孝弟,一家孝弟,而人人亲长,即唐虞熙皞之盛,不难也。"

101. 会中有问孝弟如何为仁之本者。子曰:"古本'仁'作'人',最是。即如人言,树必有三大根始茂。本,犹根也。夫人亦然,亦有三大根:一,父母;一,兄弟;一,妻子。树之根,伐其一不荣,伐其二将稿,伐其三立枯矣。人胡不以树为鉴哉!"

102. 云台余君承诏,在城隍庙会中,举孔子"十有五志学"为问。子曰:"只今坐中,有五六十者,有三四十者,有初发心者,有久学问者;恐皆不如吾夫子起初十五岁时也。"

103. 思泉黄君乾亨问："讲学者多云当下，此语如何？"子曰："此语为救世人学问无头而驰求闻见、好为苟难者，引归平实田地，最为进步第一义。故曰：人情者，圣人之田。然须有许多仁聚礼耨家数，方可望收成结果也。但到此，工夫渐就微密，若无先觉指点，则下者便影响难入，高者便放荡无检。故孔子谓'君子中庸，君子而时中；小人中庸，小人无忌惮'。可见中庸也只是一般，但不能如君子戒谨恐惧，加以时习，便放滥无所归著，而终为小人耳。"闻者共惕然曰："此正今时学者大病，孔子所以重忧夫学之不讲，而诲人不倦也。"

104. 子大会于建昌城南文峰王氏之家祠。中抚石井傅君默盰、斗阳张君巑辈相与笑谈，有及于素共讲学而未肯承当者，其友曰："譬之酒家，某何尝不卖酒，但耻挂招牌耳。"子问曰："何耻也？"曰："酒少。"子曰："此个酒海，浸人没顶，君自不知耳。"既而，改容悼叹曰："此宇宙间学问一大宗旨也。且说'民之秉彝，好是懿德'，谁不作酒，谁不招客，又谁不云我只沽酒与人，何以招牌为哉？细细究之，此乃何等心肠，却是陷在乡愿窠臼中，孔孟防之，所以曰阉然媚于世者，德之贼也。

盖吾心之德，原与天地同量，与万物一体，故欲明明德于天下，而一是皆以修身为本者，正恐自贼云耳。故曰：谓其身不能者，贼其身者也。夫父母全而生，子全而归。孔子东西南北于封墓之后，孟子反齐止赢于敦匠之余。固为天地生民，亦为父母此身。盖此身与天下原是一物，物之大本只是一个讲学招牌，此等去处须是全付精神透彻理会、直下承当，方知孔孟学术如寒之衣，如饥之食，性命所关，自不容已。否则将以自爱适以自贼，故大学之道必先致知，而致知在格物也。"

105. 子参滇藩时，大会楚雄书院。当斯时也，父老子弟，群然而集，见诸声歌，间以钟鼓，堂上堂下，雍雍如也。适郡邑命吏胥执事供茶，循序周旋，略无差爽。因诸生中有言"戒谨恐惧"不免为吾心宁静之累者，子详发之曰："群胥进退恭肃，内固不出，外亦不入，虽欲不谓其心宁静，不可得也。如是宁静，正与戒惧相合，而又何相妨耶？今世业举子者，多安意于读书作文，居则理家，出则应务，自以此为日用常行。至论讲学作圣贤，却当别项道理，且须异样工夫。故每每以闭户静坐为宁静，以矜持把捉为戒惧，欲得乎此而恐失乎彼者，殆将十人而九矣。曾不思'天命''率性'，道本是个中庸。中庸解作平常，固平常之人所共由也，且须臾不可离，固寻常时刻所常在也。诸士子试观适才童冠击鼓考钟，一音一响，铿铿朗朗；诸父老并立而听，亦一字一句，晓晓了了；以至群胥执事供茶，亦一步一趋，明明白白。一堂何曾外却一人，一人何曾离却一刻，而不是此心之运用，此道之现前也耶？"有一生曰："戒谨恐惧相似。用工之意，或不应如此现成也。"子曰："诸生可言适才童冠歌诗、吏胥进茶时，全不戒惧耶？其戒谨全不用工耶？盖说做工夫，是指道体之精详处；说做道体，是指工夫之贯彻处。道体既人人具足，则岂有全无工夫之人？道体既时时不离，则岂有全无工夫之时？故孟子云'行矣而不著，习矣而不察'。所以终日于道体、工夫之中，尽是宁静，而不自知其为宁静；尽是戒惧，而不自知其为戒惧。天下古今，莫不皆然也。"又曰："汝诸士子，身心具有此个光明至宝，通昼彻夜，照地烛天，随汝诸士子出外居家而不舍，替汝诸士子穿衣吃饭而不差。相似宁静而又戒惧，相似戒惧而又宁静。常常在于道学门中，亦久久在于圣贤路上。却个个不肯体认承当，而混混昧昧、枉过此生，亦真可惜也已。"

106. 子按腾越，州卫及诸乡大夫士请大举乡约。迨讲《圣谕》毕，父老各率子弟以万计，咸依恋环听，不能舍去。子呼晋讲林生问曰："适才汝为众人讲演乡约，善矣。不知汝所自受用者，复是何如？"林生曰："自领教来，常持此心，不敢放下。"子顾诸士夫，叹曰："只恐林生所持者，未必是心也。"林生辣然曰："不知心是何物耶？"子乃遍指面前所有，示曰："汝看此时环侍老小，林林总总，个个仄着足而立，倾着耳而听，睁着目而视，一段精神，果待他去持否？岂惟人哉？两边车马之旁列，上下禽鸟之交飞，远近园花之芳馥，亦共此段精神，果待他去持否？岂惟物哉？方今高如天日之明熙，和如风气之暄煦，蔼如云烟之霏密，亦共此段精神，果待他去持否？"林生未及对，诸老幼咸跃然，前曰："我百姓们此时欢忻的意思，真觉得同鸟儿一般活动、花儿一般开发、风儿日儿一般和畅也，不晓得要怎么去持，也不晓得怎么是不持。但只恨不早来听得，又只怕上司去后，无由再听得也。"子曰："汝诸人所言者，就是汝诸人的本心；汝诸人的心，果是就同着万物的心；诸人与万物的心，亦果是就同着天地的心。盖天地以生物为心，今日风暄气暖，鸟鸣花发，宇宙之间，浑然是团和乐。今日太祖高皇帝教汝等孝顺和睦，安生守分，闾阎之间，亦浑然是一团和乐。和则自能致祥，如春天一和，则禽畜自然生育，树木自然滋荣，苗稼自然秀颖，而万宝美利无不生生矣。况人家一和，而其兴旺繁昌，所有利益，又何可尽言耶？故适来童子歌诗，谓'乐只君子，邦家之基；乐只君子，万寿无期'，'乐只'二字，亦正是一团和乐之谓也。汝等老者，已不必言，若许多后生小子，肯时时忍耐，不使性气于亲长之前，不好争斗于邻里之间，不多杀害于禽畜之类，以去斫丧这一团和乐之意，则千年万载长时我在汝腾越地方矣！又何必恨其来之迟，而怕其去之速耶？"言讫，众皆湥湥涕下。子强止之，乃散去。

林生复同诸士夫再三进曰："公祖谓诸老幼所言既皆浑是本心，则林生所言者何独不是心耶？"子复叹曰："谓之是心亦可，谓之不是心亦可。盖天下无心外之事，何独所持而不是心？但既有所持，则必有一物矣。诸君试看，许多老幼在此讲谈，一段精神，千千万万，变变化化，倏然而聚，倏然而散，倏然而喜，倏然而悲。彼既不可得而知，我亦不可得而测，非惟无待于持，而亦无所容其持也。林生于此心浑沦圆活处曾未见得，遽去持守而不放下，则其所执者，或只意念之端倪，或只见闻之想像。持守益坚，而去心益远矣。故谓之不是心亦可也。"林生复进而质曰："诸生平日读书，把心与意看得原不相远。今公祖断然以所持只可当意念，而不可谓心，不知心与意念如何相去如此之远也？"子叹曰："以意念为心，自孔孟以后大抵皆然矣，又何怪夫诸君之错认也哉？但此个却是学问一大头脑。此处不清，而谩谓有志学圣，是犹煮沙而求作糜，纵教水干柴竭，而糜终不可成也。"诸缙绅请曰："意念与心既是不同也，须为诸生指破，渠方不至错用工也。"子叹曰："若使某得用言指破，则林生亦可以用力执持矣。"诸君闻而叹曰："然则不可着句指破，便即是心，而稍可着力执持处，便总是意念矣！《易》曰：'复，其见天地之心。'林君欲得见天地之心而持循之，其尚自复以自见始。"于是林生及诸缙绅，请于明伦堂联会四日而后别。

107. 梅井郭君问"乃见天则"与"发而皆中

节”同异。

子曰："喜怒哀乐发皆中节，天则也。但物感之来，其应甚速，苟毫发逾节，即其则不中。此岂一时思虑所能防范，而一念拟议所可矫强也耶？即使思虑而出之，矫强而合之，于'天则'二字亦相去径庭矣。故《易》曰：'先天而天弗违，后天而奉天时。'吾辈于斯语，不可看太高远。《礼记》谓：'人生而静，天之性也。'孟子曰：'大人者，不失其赤子之心者也。'夫赤子之心，纯然而无杂，浑然而无为，形质虽有天人之分，本体实无彼此之异。故生人之初，如赤子时，与天甚是相近。奈何天生而静，后却感物而动，动则欲已随之。少为欲间，则天不能不变而为人；久为欲引，则人不能不化而为物；甚而为欲所迷且蔽焉，则物不能不终而为鬼魅妖孽矣。到此等田地，其喜怒哀乐岂徒失天之则，亦且拂人之性；岂惟拂人之性，亦且造物之殃。此处又何可不着力也耶？今日果欲天则本然，一一于感发处，节节皆中得恰好，更无毫厘之过，亦无毫厘之不及，停停当当，成个中和，此即'后天而奉天时'。顺而循之，而非勉强之能与；卒而应之，而非意见之能及。

"善学者于此处，要识得难以用功，决须猛省，逆将回转，说道：吾人与天，原初是一体；天则与我的性情，原初亦相贯通。验之赤子乍生之时，一念知觉未萌，然爱好骨肉，熙熙恬恬，无有感而不应，无有应而不妙，是何等景象、何等快活！奈何后因耳目口体之欲，随年而长，随地而增，一段性情，初焉偏向自私，已与父母兄弟相违；自少及壮，则天翻地覆，不近人情者十人而九矣。今日既赖师友唤醒，不肯甘心为物类、妖孽，不肯作人中禽兽，便当寻绎我起初做孩子时，已曾有一个至静的天体，又曾发露出许多爱亲敬长、饥食渴饮、停停当当至妙的天则。岂今年长便都失去而不可复见也耶？要之，物感有时而息，则天体随时而呈，不惟夜气清明方才发动。即当下反求，若人言我是好人，便生喜乐；言我是禽兽，便生愤怒。亦是明明白白、停停当当，原不爽毫发分厘也。既是天体依旧还在，却须即时发一个大大的志愿。如何志愿要大？盖天的体段，原无一物不容，原无一物不贯。若有外之心，便不可合天心也。此心如要万物皆为吾体，万年皆为吾脉，则须将前时许多俗情世念，务于奉承耳目口体、徇物肆情，一付当污浊杂扰、会转移窒塞此心之虚灵洞达的东西痛恨疾仇，惟恐其去之不远而决之不净焉。然后收拾一片真正精神，拣择一条直截路径，安顿一处宽舒地步，共好朋友涵泳优游、忘年忘世，俾吾心体段与天地为徒，吾心意况共鸢鱼活泼。其形虽止七尺，而其量实包太虚；其齿虽近壮衰，而其真不减童稚。到此境界，却是廓然大公，却是寂然不动，其喜怒哀乐安得不感而遂通，又安得不物来顺应也耶？如此喜怒哀乐，以应天下国家，又安得不位天地、不育万物，而成圣神功化也耶？

"故细细反观，今日不患天则之不中，惟患天心之不复；不患天心之未复，惟患己见之不真。其见既真，则本来赤子之心完养即是大人之圣。人至大圣，便自然天地合其德，日月合其明，四时合其序，鬼神合其吉凶矣。许大受用，原是生下带来至宝，又岂肯甘心于耳目口体之欲，致堕落禽兽妖孽之归。其猛省勇往，固有挽之而不容自已者矣。于此可见，朋友讲学一节，真是人生救性命大事，非寻常等伦也。珍重！珍重！"

108. 陈光庭南辕的启云："子在留都，会于焦弱侯园中。弱侯究竟佛旨，曰：'达摩西来，直指见性成佛。佛门无上菩提，孔门语上的指，老师甚深微妙，意将逢人饮以醍醐，今且平平，纯以孝弟慈立教，只为二乘说法。昔孔圣于中人以上语上，即不于中人以上语下也。子意云何？'子笑而答曰："我今即不说佛，只因无佛可说。逢人无上可语，即亦无语非上。"

109. 子贻澹园焦太史书云："晦庵先生谓夫子志学，是志于大学。大学之止至善，只是学古之大人欲明明德于天下尔。欲明明德于天下，即是立己立人，达己达人，而为仁也。求仁之方，则又只是不怨不尤、反之于己，而设身处地焉耳矣。又云，岂惟孔子，即伊尹身任先觉，亦视民之饥溺犹己饥溺之。今世道之根本在此学，此学之根本在朋友，朋友不能相信、不免诽议，岂尽其本心哉？亦以得失之故、闻见之偏蔽陷其心之良，所谓斯民饥溺，大人视之，正思被发缨冠、奔走救援，方是不怨不尤之恕，而欲立欲达之仁也。不此之图，而惟适己之便焉，此在沮溺之徒则可；拟之夫子望我辈之心，我与公等自待之志，其可与否？恐不待辨而自明也已。"

110. 子谓熊君应皋曰："德之不修，由学之不讲也。盖学则有义可徙，有过可改。故四者之忧，惟不学为大也。其或讲之，而不于徙义改过是亟，吾夫子之忧又当何如？"

111. 子谓杜君蒙曰："学问端的只认此体，原无动摇。一切念头，如浮云之过太虚。太虚之中，不拘不留，真是主张操纵更无执滞也。"杜自是有吟风弄月以归之意。

112. 少林沈君懋学问曰："日中时有得处，旋即失之；亦时有明处，旋即暗之。如何乃可常常保守之也？"子曰："子之所苦，不当在失与暗时，而当在得与明时也。盖圣人之学，原是天性浑成；而道心之微，必须几希悟入。其中本着不得一念，而吾人亦不可以一念着之也。今不求真诀点化，而强从光景中分别。耿耿一念，以为光明；执住此念，以为现在。不知此个念头，非是真体。有时而生，则有时而灭；有时而聚，则有时而散。故当其得时，即是失根；当其明时，即是暗根；当其欣喜时，又便是苦根也。"

113. 如真李君登问曰："今时诸士子只狥闻见，读书逐枝叶而无根本，不知何道可反兹末习也？"子曰："枝叶与根本，岂是两段？观之草木，彻首彻尾，原是一气贯通。若首尾分断，则便是死的，虽云根本，堪作何用？要之，还看吾辈用功志意何如。若是切切实实要求根本，则凡所见所闻皆归之根本。虽解牛斫轮之贱技、鸢鱼庭草之微物，古人俱得以明心见道，而况五经四书，尤圣贤精蕴所寄者乎！若只是个寻枝觅叶的肚肠，则虽今日尽有玄谈妙论，亦将作举业套子矣。"

114. 如真李君问："《易》谓'君子终日乾乾，夕惕若'，不知'乾乾'二字与'性性'之说亦有分别否？"子曰："'乾乾''性性'此语，泛看亦似相同，但古之圣贤立言制字，必是各有着落。即如古人云'乾坤二卦本是阴阳'，作《易》者不曰'阴阳'而曰'乾坤'，盖指其性情而言之也。以此观之，则先儒谓'性性'为能存神，明白就其体段凝定处说；至《易》谓'终日乾乾'，明白就其工夫奋发处说。但'乾乾'虽说工夫，而不知顺性之体，则把捉操持或犯助长之病；'性性'虽说体段，而不知法乾之用，则散漫精神又至忽忘之失。若善会性命，而能使骨肉俱为浑化，则其体用亦自相停妥也已。"

115. 南昌松屏何生镕问曰："今若全放下，则与常人何异?"曰:"无以异也。"曰:"既无以异,则何以谓之圣学也哉?"曰:"圣人者,常人而肯安心者也;凡人者,圣人而不可安心者也。故圣人即是凡人,以其自明,故即凡人而名为圣人矣;凡人本是圣人,以其自昧,故本圣人而卒为凡人矣。"

116. 子谓何生镕曰:"但能一觉,则日用间可以转凡夫而为圣人;不能一觉,则终身弃圣体而为凡夫。弃圣为凡,则虽读书万卷、功名极品,也只如浮云超忽、草木荣朽而已。"

117. 白下秋潭瞿君文炳问:"能知即圣人,然乎?"子曰:"知后方可入圣焉耳,非即圣人也。盖良知心体,神明莫测,原与天通,非思虑所能及、道理所能到者也。吾人一时觉悟,非不恍然有见,然知之所及犹自肤浅。此后须是周旋师友,优游岁月,收敛精神,凝结心思。思者,圣功之本也。故'思曰睿',睿者,通微之谓也。通乎昼夜之道而知,方可言通;动而未形有无之间,方可言微。至此,则首尾贯彻,意象浑融,觉悟之功与良知之体如金光火色,锻炼一团,异而非异,同而非同,但功夫虽妙,去圣则尚远也。"曰:"如何犹不足以语圣耶?"曰:"观于孟子谓'大而能化''圣不可知'，则圣人地位亦自可以意会矣。"

118. 子之第三孙怀智问道。子曰："《圣谕六言》尽之。"问功夫。曰："《圣谕六言》行之。"请益。曰："《圣谕六言》达之天下。""如斯而已乎?"曰："《六言》行之天下，尧舜孔孟其犹病诸?"

119. 智问修身。子曰："舍《圣谕六言》而修身，是修貌也，非修身也矣。《中庸》曰：'修身以道，修道以仁'，'仁者人也，亲亲为大'。"

120. 子谓智曰："《圣谕六言》其直指吾人日用常行、不可须臾离之道乎?"

121. 广德李大参天植问："先生说'形色天性'一章，闻与众不同，何如?"子曰："其说也无甚异，但此语要得孟子口气。若论口气，则似于'形色'稍重，而今说者，多详'性'而略'形色'，便觉无意味也。大要亦是世俗同情，皆云此身是血肉之躯，不以为重。及谈性命，便更索之玄虚，以为奇特。孟轲氏惜之，故曰'吾此形色，岂容轻视也哉'，即所以为天性也。惟是生知安行、造位天德如圣人者，于此形色，方能实践。谓行到底里，毕其能事。如天聪天明之尽耳目，方才到家；动容周旋中礼四体，方才到家。只完全一个形躯，便浑然方是个圣人；必浑然是个圣人，始可全体。此个'形色'，若稍稍勉而未能安，守而未能化，则耳必未尽天聪，目必未尽天明，四体动容必未尽能任天之便。不惟有愧于天，实有愧于人也。故邵子'天根月窟'之咏，始之以耳目男子之身，而终之曰'三十六宫都是春'。盖形躯本是属阴，若天根月窟既闲相往来，则坤爻二六总为乾爻之所统，一似悉该四季，以作长春。所以修心炼性者，亦必名之曰纯阳也。"

122. 乐安詹侍御事讲以学请正，曰："学贵静乎？"子曰："不宜离动。""在动处着力乎？"曰："宜不失静体。""功宜何著乎？"曰："心兮本虚，致虚要矣，何著？"侍御常以寂为忧。曰："性中万象森然，何寂之忧？""然则何如而为得力乎？"曰："知得力处，便是不得力处；不知得力处，便是得力处。总之，道具吾心，而吾身实在道中。真机随处洋溢，工夫原无穷际。一念不通之人者，非道也；一息有间于道者，非功也。"

123. 养贞詹侍御尝问："本体何如？"子曰："无体之体，其真体乎？"问："功夫何如？"曰：

"无功之功,其真功乎?"问:"体可见乎?"曰:
"仁者见之止谓之仁,智者见之止谓之智。不见之
见,乃真见也。"又尝问:"三教何以别?"曰:
"无而无,始堕于偏空;有而无,适得乎中正。"
问:"何以致良知?"曰:"无思无虑者良知之体。
傥以有思虑致之,犹方底而圆盖,必不合矣。"

124. 杜应奎问曰:"先生勉人,每曰尧舜君民
事业,世道茫茫,如何下手?"子曰:"只在此时一
念。"奎曰:"一念足乎?"子叹曰:"且问世间何
事不成于一念?但世人极艰极险,蹈海攀崖,百死
一生,各有甘心者,只尧舜君民一着,皆畏难苟
安,更无一人切心,又安怪夫至治之不复见于天
下也?"

125. 张钥请教言。子曰:"道也者,不可须臾
离也。人于是处彻却,则此身在天地间,从作孩提
直至耄耋,与造化消息浑成大片,道家者流所谓
'呼接天根,吸通月窟',无可着拣择,可容回避之
地、之时也。故《诗》云:'昊天曰明,及尔出王;
昊天曰旦,及尔游衍。'所以君子必戒慎、必恐惧,
正以天命之性即上帝临之,无敢或贰其心焉耳。不
知从事乎此,而误于事为应迹比拟思量,纵偶有合

处，亦是远人为道，而难语于纯天之妙也已。”

126. 子尝谓门人及诸孙曰：“前此诸大儒先生，其论主敬工夫，极其严密，而性体平常处未见提掇，故学者往往至于拘迫；近时同志先达，其论良知学脉，固为的确，而敬畏小心处未加紧切，故学者往往无所持循。”

127. 子谓复所杨太史起元曰：“我从千辛万苦，走遍天下，参求师友，得此具足现成、生生不息大家当。往往说与诸人，奈诸人未经辛苦，不即承当。今一手付与吾子，吾子笃信弗疑，安享受用，即是讨便宜了。虽然，创业者固艰，守成者不易。若不兢兢业业，物我共成，虽得之，必失之。古之守成业者致盛治，端有望于吾子矣！”

128. 子尝谓门人曰：“予自壮及老，尝梦经筵进讲，后得杨贞复，而梦不复矣。”

129. 嘉靖甲子冬，天台耿师橄不佞胤儒，置之留都之明道书院，勖之以圣学。时与偕者，同里东溟管子志道及广德冲涵李子天植。天植闻学久，闲谓儒曰：“君试将天下事判断了，作一圣人。”儒时有省。志道曰：“此语未有头脑。君连日闻师友所谈性命语，似解之，而无所心会，乃独于此语若有

当焉者，何也？"儒曰："予于所谓判断也者，似有
契焉，不知其他。"无何，近溪罗师以将入觐，谒
耿师，至院中征儒所得。儒对曰："近李生勖儒
'将天下事判断了，作一圣人'，不知可否？"罗师
曰："圣人如何去做？"志道接语曰："近承宗师面
命，将此点明体，时时提醒。"罗师曰："此语近
之，然如何唤做明体？"耿师曰："渠二子新入会，
无门面话头，所说皆实话。兄可点与明体，俾渠下
手。"时察院门首有击鼓报入者，罗师因鼓声问儒
曰："闻否？"儒对曰："闻。"又问："寐时闻否？"
曰："不闻。"又问："若人一旦捐馆时，闻否？"
曰："不闻。"又问："寐时、死时，此耳在否？"
曰："在。"罗师笑曰："此虽近于异教家话头，然
究竟寐时、死时此耳现在，如何不闻？看来闻者是
你，便是明体。人有此而闻，有此而生，不然便是
死人。今人都将耳目口体奉事，却不将此明体照
管，便是枉了此生，孟子所谓'先立乎大'，如
是。"儒时怫然。耿师复顾儒曰："从此点默识默
识。"儒唯唯。

130. 次日，耿师延罗师于明道书院为会。时与
会者，见麓蔡公国珍、养旦刘公应峰、肖谦蔡公

悉、桂岩顾公阙、鹤皋周公希旦、甑山张公燧，而
儒与管君志道、李君天植及白下李君登、杨君希
淳、焦君竑、吴君自新、金君光初、宁国郭君忠
信、吴君礼卿侍。耿师举酒，属坐上诸公曰："仆
昨游天界寺，问寺僧行有实修者否，住持以无对。
仆时回顾此寺，若空。前按陕时，至一县，县官皆
不法。仆时看此县，亦若空。今茫茫宇宙，若无一
人焉担当，则天下后世必有'秦无人焉'之叹。仆
今日请诸公对天发一大誓愿，将天地万物担当一担
当，待至捐馆时，满得此愿，方才是一个人。"诸
公皆曰："然！然！"罗师曰："孟子当时急务，只
是要正人心，仆今日只要诸公讲学。"诸公又曰：
"然！然！"临别，罗师顾吴礼卿曰："子从宗师及
予游久，如何不见长进？"礼卿曰："不敢不勉。"
罗师曰："只是讲学，只是聚朋友便了。予今觌回，
不见子家座上常有二三十客，便是子学不长进矣。"

131. 又次日，儒偕太岳杨希淳、东溟管志道辈
追送罗师于江之浒，各奉杯茶。师捧茶问杨君曰：
"日来与诸君所谈，觉觳手否？"杨君曰："有觳
手，有不觳手。"师愀然曰："如何便不觳手？如饮
此茶，君送我，我酬君，已而各饮。何等不思不

勉，何等从容中道，如何便不觳手？"

132. 嘉靖乙丑夏，不佞儒侍家大人斗墟府君宦抚溪。适罗师自宁国丁外艰，过溪城，宿皋司。儒往侍教，师征儒新功。儒对曰："觉道不费些子气力处，大有受用。"师曰："不费些子气力极是。但孔子发愤处，如何说？"儒对曰："孔子发愤，为讨此受用，故继之曰'乐以忘忧'。"师曰："然。吾人学问，如舟车然，车轮之发，舟帆之上，必费些力。比至中途，轮激帆扬，何须致力？"居顷之，问曰："此时心地如何？"儒对曰："觉无物。"师又曰："此便是。"顷又曰："当得帐否？"儒对曰："恐当不得帐。"师曰："然。这是光景，会散。"又扣数语，师首肯曰："如子所说，都是学问脉路，想是明白，无劳多谈。只是人行我行，人歇我不歇，如是做去，五六年便熟了，便是圣人路上人了。"临别，又嘱儒曰："不肖幼学时，与族兄问一亲长疾。此亲长亦有些志况，颇饶富，凡事如意。逮问疾时，疾已亟。见予弟兄，数叹气。予归途，谓族兄曰：'某俱如意，胡为数叹气？兄试谓我兄弟读书而及第，仕宦而作相，临终时还有气叹否？'族兄曰：'诚恐不免。'予曰：'如此，我辈须寻个不叹气的事做。'予于斯时，便立定志了。吾子勉之。"

133. 乙丑秋初，不佞儒走旴，拜师索幄中，师留儒从姑晚坐。师忽问儒所得。儒对曰："近来见得无声无臭而广生大生，天之道也，故尝理会无思无为之本。使此未发，发时澄澄湛湛，则随时随手达顺将去，天地万物有所不能违，而范围曲成在是矣。"师曰："此亦几于并归一路，甚好。然有所见，莫不是妄否？无思无为之本，澄澄湛湛，莫不是着想成一光景否？亦果能时时澄湛否？随时随手，果能动中否？"儒时无对。师又曰："如吾子所见，则百岁后易箦时，欣欣瞑矣。吾则以为，真正仲尼，临终不免叹口气也。"次早，梳洗顷，师顾儒大声曰："大丈夫须放大些志气，莫向枯家里作活计！"儒大有省，而疑根则未释也。师勖儒久住山中，儒亦眷眷不能别。

134. 在川黄君谒师从姑，晤儒，询新功，儒曰："年来理会吾无思无为之本，觉不费些子气力，而老师不许，何也？"黄君曰："予向来用功，亦多如此。迩见老师，以为终难成就。"俄而，永新莘田蒋君广亦来叩儒，儒答如前。蒋君曰："此在闲道人，或可；若要做顶天立地大汉子，恐别有说。"
翌日，儒独晤蒋君于蟾窟之上，蒋以所闻于师者为
儒悉之，且讲孟子"居广居、行大道、立正位"章
大义。又曰："人言近老之学类禅，此不知近老者。
近老之言，间引夫禅，而近老之学，真正孔子脉
路，断断不差！渠尝曰'做人莫吃人现成茶饭，须
造茶饭与人吃'，有味哉言之也！且近老甚有意于
君，君莫负之。"儒因蒋君言，遂思师所云'孔子
临终叹气'也者，怫然会心，即举以语黄君。黄君
曰："予近因老师顿挫数番，亦觉有省。昔人云
'昨夜窗前看明月，晓来不是日头红'，予平生汲汲
为学，非见老师，几枉过此生。"

135. 师在从姑，谓诸生曰："诸友为学，须要
立个必为圣人之志，时时刻刻用工，后日方有成
就。若只茫茫荡荡度日，岂不惜哉！"

136. 师谓黄君元吉曰："古今学者，皆晓得去
做圣人，而不晓得圣人即是自己。故往往去寻个作
圣门路，殊不知门路一寻，则去圣万里矣！"

137. 师尝曰："人能体仁，则欲自制。《传》
曰'太阳一照，魍魉潜消'，是矣。若云'克去己
私'，是原宪宗旨，不是孔颜宗旨。盖孔氏求仁，

其直指名仁，惟曰'仁者人也'，夫'己'非所谓'仁'耶？刘狮泉说颜子博约重二'我'字，夫'我'独非'己'耶？今有将'克己''己'字必欲守定旧解，殊不知认'己'字一错，则遍地荆榛，令人何处安身而立命也？"

138. 怀苏钱礼部问曰："《定性书》与'先识仁'宗旨同否？"师曰："孔门之教主于求仁，程伯子以识仁为学者所先，最为确论。然须大公顺应，方是克己全功，则'定性'之言与'识仁'之论，正互相发明者也。"

139. 姑山师友朝食顷，与坐者思泉黄君乾亨、文塘黎君辈凡十余人。不佞儒曰："吾侪十余人，今日在此闻学，他日无分穷达，能为十余路福星，庶几哉不负师训也。"师曰："是不难。如予一人，能孚十友；十友各孚十友，百人矣；百友各孚十友，千人矣。由千而万而亿，达之四海，运掌也。

140. 师尝曰："学问须要平易近情，不可着手太重，如粗茶淡饭，随时遣日，心既不劳，事亦可了，久久成熟，自然有悟。盖此理在日用间，原非深远，而工夫次第，亦难以急迫而成。学能如是，虽无速化之妙，却有隽永之味也。"

141. 师曰："学问原有两路：以用功为先者，意念有个存主，言动有个执持，不惟己可自考，亦且众共见闻；若性地为先，则言动即是现在，且须更加平淡，意念亦尚安闲，尤忌有所做作，岂独人难测其深浅，即己亦无从验其长益。纵是有志之士，亦不免舍此而趋彼矣。然明眼见之，则真假易辨也。"

142. 师游姑山之一线天，思泉黄君、文塘黎君及儒辈偕。师仰见天光，呼儒而语之曰："吾辈今日之学，须从天地未辟之先、吾身未生之先，而溯极于先而无先，自一气太息震荡之后、此身托木销化之后，而要极于后而无后，开大眼孔，放大心胸看看，始得。"儒曰："唯唯。"黄君俯而思，师笑曰："才一仁思，剑去久矣。"

143. 师独坐姑山之双玉楼，不佞儒侍。师忽问曰："如何为先立乎大？"儒对曰："万物皆备于我矣。"又问："如何作用？"儒对曰："明明德于天下。"师喜，又问："作用次第如何？"儒对曰："老吾老及人之老，长吾长及人之长，幼吾幼及人之幼。孔子所谓老安、少怀、朋友信是矣。"师曰："然、然。"次日，相携山游，高下跻陟顷，师遽问曰：“赤子不虑而知之知，与圣人不思而得之知，吾子今何似？”儒对曰：“只此应师之知便是。”又问曰：“有思虑否？”对曰：“无。”又：“能终无思虑否？”对曰：“往者不追，来者不逆。”又曰：“当下何如？”曰：“平平地。”又曰：“忽不平平地，如何？”曰：“平平地。”已而思泉黄君、太湖南沙罗君以礼亦至。师迎谓曰：“日与曹子几番问证，似能先立乎大。”儒对曰：“荷师口生。”师曰：”然、然。子令尊令堂生子仅七尺已耳，予生子弥宇宙身矣。”

144. 丙寅春正，儒自金溪谒师于姑山之长春阁。师问曰：“近日工夫，都觳手否？”儒对曰：“不敢言觳手，但不敢歇手。”师曰：“不歇手便觳手了，然亦有时忘否？”对曰：“正苦不能浑然忘耳。”曰：“不能浑然忘者，何也？”对曰：“憧憧为扰，而频觉照也。”曰：“何以处之？”对曰：“觉了亦自融得。”曰：“此等憧憧，日间多否？”对曰：“多。”曰：“觉了便多了。”顾谓鉴湖宁君诠曰：“不觉底便道少。”儒时竦然汗也。

145. 迨夕，师予儒辈同宿禅床，师鸡鸣起坐，儒辈亦起坐。忽闻群僧诵《圆觉经》，至所谓“梦幻"云者，师问儒曰："'梦幻'之云，虽梵书语，亦曾理会否？"儒对曰："即空中之花，由瞪目而生，空实无花也。"曰："此语果何所指？"对曰："凡一切世界以暨心思，皆是也。"曰："如此，则子之世界心思，皆能无有耶？"对曰："亦自了然，第未易消融耳。"安庆任斋朱君钧字秉重者，从旁捷出曰："但我出头，他自不能胜。"师叹曰："此皆空花语也。且曹子亦会翻帐，屡言不悟，难悟也哉？夫一切世界，皆我自生，岂得又谓有他？若见有他即有对，有对即有执，对执既滞，则愈攻而愈乱矣。能觉一切是我，即立地出头，自他既无，执滞俱化，是谓自目不瞪、空原无花也。"儒大有省，因下榻拜谢，起谓朱君曰："可谓消我颠倒想矣。"师亟曰："未、未。子将古人何语印证？试速道来。"儒即对曰："《语》有之，'能己复礼为仁'。"师曰："子今得为君子儒也已。"儒旧字'醇夫'，师因改字'汝为'，即于灯下撰《字说》一通，中有"神龙渊潜，罔可窥睹"，及其"乘虚驭云，施及六合"，已而"霄晴雨歇，了无纤踪"诸语。书毕授儒，笑曰："非予好为侈语，此《字说》有如符印然，将此学一手交付与子矣。勉之！勉之！"

146. 次日，师携诸生过师之泗石溪别墅，儒与思泉黄君、文塘黎君、南沙罗君、心文王君潜侍。儒问曰："双江聂先生所谓'归寂'者，何谓也？"师曰："此主静之别名也。"儒曰："此等工夫何如？"师曰："究竟此等工夫，还是多了。然在初学，或未可少。"罗君曰："与'顾諟'之说如何？"师曰："颇同。"王君曰："与止观之旨如何？"师曰："亦似。"师因曰："此等工夫虽同，然在学者，深浅各有不同。须得一明师，随材随时指点，始得不谬。"

147. 有客偶举此里之人，有为鬼所祟者。儒曰："人能为学做个人，虽上帝无能违焉。苟徒事于小，木魅花妖，谁何之矣？"师曰："此《灌夫传》所谓千金良药也。诸生听之！"师因杂阅诸名公文集，多不快心，随午馔毕，众意熙洽。师曰："善哉！程伯子之语'识仁'也，谓'识得此意，不须防检，不须穷索'，彼岂务作侈语耶？良由直见天地万物浑然一体，故曰'大不足以名之'。若反身未诚，犹是有二，以己合彼，终未有之，又安得乐？故学者果然识得诚自己诚、己外无诚，妄由己生、己外无妄，则一是百是。而存养省治，方是把柄在手。即如今日吾侪，合志同方，徐徐而食，食毕而起，且坐且谈，莫非本体，亦莫非工夫，固无善状，亦无过举，又何彼己之可分而真妄之可辨哉？时时如此透彻，便是万物我备，便是学以致道，即此'学'字，殆亦从人强名之耳。"因顾儒曰："予平生不作语录，因与子两番议论，今寓笔矣。"良久复曰："笔踪若行人，庶有省者乎！"儒拱立曰："师若不留笔踪，不能亲炙吾师者，何由自淑？"师颔之曰："坐。"

148. 师尝曰："'性相近也，习相远也'，相远原起于习，习则原出于人。今却以不善委为气质之性，则不善之过，天当任之矣，岂不冤哉？"又曰："性善一着，是圣凡之关，只一见性善，便凡夫而立地成圣矣。孔子以后，惟孟子一人直截透露，其他混账则十人而九。此不是他肯自放过，盖此处千重铁壁，若非真正舍死拼生一段精神，决未许草率透过也！"

149. 或谓："此性各在当人，稍有识者，谁不能知？况我平生最用力于此，自意亦颇能知，但有时见有时不见，有时持有时忘之，不能恒常不失耳。"师曰："君言知性如此之易，此性之所以难知也。大约吾人用功，须以圣贤格言为主，不见孟子之论知性，必先之以'尽其心者，知其性也'，苟心不能尽，则性不可知也；又谓'知其性，则知天矣'，故天未深知，则性亦不可为知也。君试反而思之，果如古圣贤既竭心思而天聪明之尽矣乎？今时受用，果许得如《中庸》'天下至诚'，'为能知天地之化育矣'乎？即不论心思聪明之难尽、天地化育之难知，且如陆象山接见傅生晔，惊叹其面目殊常、神采焕发，问之，果夜来于仁体有悟。故此性惟不能知，若果知时，便骨肉皮毛，浑身透亮，河山草树，大地回春。如人骤入宝所，则色色奇珍，随取随足，或为夜光而无所不照，或为如意而无所不生，安有见不能常、持不能久之弊？苟仍前只是旧日境界，我知其必然未曾有知也已。"

150. 师曰："《易》云'极深研几''穷神知化'，俱是因此知体难得圆通，故不得不加许多气力，不得不用许大精神。今学者才理会不通，便容易把个字眼来替，只图将就作解，岂料错过到底也。要之，欲明此事，必先遇人。仆至冥顽，于世情一无所了，但心性工夫却是四五十年分毫不改。盖缘起初参得人真，遇得又早，故于天地人物、神理根源直截不留疑惑，所以抬头举目，浑全只是知体著见；启口容声，纤悉尽是知体发挥。更无帮凑，更无假借。虽听者未必允从，而吾言实相通贯也。惟愿会中大众共坚一心、共竭一力，心坚力竭，则不患不通一个真知、不患不成一个大圣矣！"

151. 问："人有'生知''学知''困知'之别，今说不待培养，恐此惟'生知'乃能。"师曰："知有两样，有本诸德性者，有出诸觉悟者。此三个'知'字，当属觉悟上看，至于三个'知之'的'之'字，却当属之德性。盖良知良能，原是人人具足、个个圆成。然虽圣人，亦必待感触觉悟，方才受用得。但以其觉悟之速，便象生成使然；其次则稍稍迟缓，故有三等不同；至谓'及其知之一也'，则所知的德性，皆是不待学而能，不待虑而知，'困知''生知'，更无毫发不同。后世因此'知'字不明，遂于德性作疑，说有气质之杂，而孟氏'性善'之言，更无一人信得过。纵去学问，亦如导泉无源、植树无根，徒劳心力耳。"

152. 问："'由仁义行，非行仁义'是圣人事，学者必须从'行仁义'处起手乃可？"师曰："此是两种学问。如商旅路途，一往南行，一往北走，难说出门时且向南，然后又回转向北也。"曰："学须是'由勉而安'，恐人非生知，难遽语此。"曰："后世学术不明，只在此处混帐。盖'行仁义'与'由仁义行'是南北分歧处，'由勉而安'是程途远近处。'行仁义'有行仁义的'安''勉'，'由仁义行'亦自有由仁义行的'安''勉'。"

153. 又曰："今日出门一步，即从不虑不学处着脚趋向，尚且头头都是难事，节节都要精专，竭尽生平，方得浑化。若更从外面比仿修为，徇象执迹，出门一步，已与良知良能之体不啻冰炭。倘做得闲熟一分，则去真心日远一分，做得成了家当，即如天渊之不相及矣！将以学圣而反至背圣，将以尽心而反至违心，惜哉！"

154. 师曰："圣人所以异于人者，以所开眼目不同。故随时随处，皆是此体流动充塞，一切百姓则曰'莫不日用'，鸢飞鱼跃则曰'察于上下'，庭前草色则曰'生意一般'，更不见有一毫分别。所以谓'人皆可以为尧舜'，'吾非斯人之徒与而谁与'也。我辈与同类之人，亲疏美恶已自不胜隔越，又安望其察道妙于鸢鱼、通意思于庭草哉？且出门即有碍，胸次多冰炭，徒亦自苦生平耳。岂若圣贤坦荡荡，何等受用，何等快活也！"

155. 师在山中，尝语人曰："不肖之为人也，嗜好不他着，精神不他费，惟是此学以系命根，将《语》《孟》《学》《庸》以及《易经》悉涤尘埃，晶光天日。三十年来穿衣吃饭终日虽住人寰，注意安身顷刻不离圣域，是以披沥天心，号呼世梦，中或触怒生嗔，万死而终不回避也。"

156.《识仁编》师曰："昔夫子告子路以生死矣，第曰'知生'；告子路以人鬼矣，第曰'事人'。盖谓死莫非生，而鬼无非人也。夫知死无非生，则古即今、今即古，而万世斯一矣；鬼无非人，则明亦幽、幽亦明，而三才始统矣。人能以无上最贵之灵、生生之德，而统三才、一万世，则盈天地间固皆我之心神，亦皆我之形骸也已。"

157. 问："晦庵先生谓'由良知而充之，以至无所不知，由良能而充之，以至无所不能，方是大人不失赤子之心'。此意何如？"师曰："若有不知，岂得谓之良知；若有不能，岂得谓之良能？故自赤子，即已无所不知、无所不能也。"于是坐中诸友，竞求赤子无所不知、无所不能，而竟莫得其实。乃命静坐歌诗，偶及'万紫千红总是春'之句，师因怃然叹曰："诸君知红紫之皆春，则知赤子之皆知能矣。盖天之春，见于花草之间，而人之性，见于视听之际。今试抱赤子而弄之，人从左呼，则目即盼左，人从右呼，则目即盼右。其耳盖无时而不听，其目盖无处而不盼。其听其盼，盖无时无处而不展转，则岂非无时无处而无所不知能哉？"诸友咸跃然起曰："先生其识得春风面者矣！何俄顷之际，而使万紫千红之皆春也？"

158. 问："今时谈学者皆有宗旨，而先生独无，何也？"师曰："此时我问子答，是知能之良否？"曰："是知能之良也。"曰："此个问答，要学虑否？"曰："不要虑、不要学也。"曰："如此以为宗旨，尽是的确，而君以为独无，何也？"

159. 问："近闻先生论'天命之性'，见得此身随处皆是天，岂不快畅？"师曰："子若如此理会，是谓之失，而非所谓得也。"曰："如何却反是失？"曰："汝既晓得无时无处不是天命，则天命所在，即生死祸福之所在也。不知悚然生些戒惧，却见侈然谓可顺适，则'天命'一言反作汝之狂药也已。"

160. 师尝语会众曰："孔门学习，只一'时'

字。'时'则平平无奇，而了无造作；'时'则常常如初，而更无分别。人居静室而不异广庭，出宰事为而如对经史，烦嚣既远，趣味渐深，如是则坐愈静而意愈闲，静愈久而神愈会矣。"

161. 师尝曰："心为身主，身为神舍。身心二端，原乐于会合，苦于支离。故赤子孩提，欣欣然常是欢笑，盖其时身心犹相凝聚；而少少长成，心思杂乱，便愁苦难当了也。世人于此随俗习非，往往驰求外物，以图遂安乐。不想外求愈多，中怀愈苦，甚至老死不能回头。惟是善根宿植、慧目素清的人，他却自然会寻转路，晓夜皇皇，如饥饿想食，冻露索衣，悲悲切切，于欲转难转之间，或听好人半句言语、或见古先一段训词时，则憬然有个悟处。方知大道只在此身，此身浑是赤子。又信赤子原解知能，知能本非虑学。至是精神自来贴体，方寸顿觉虚明，如男女媾精以为胎，果仁沾土而成种，生气津津，灵机隐隐，云是造化而造化不以为功，认为人力而人力殆难至是也。"

162. 师尝语门人及子侄辈曰："予三十年来，此道吃紧关心，夜分方得合眼，旋复惺惺，耳听鸡喔，未知何日得安枕也。"又曰："予初学道时，每清昼长夜，只挥泪自苦。此等境界，予固难与人言，人亦莫之能知也。"

163. 丙寅，儒将自溪返吴，诣盱辞师。师曰："予有数语赠吾子行。"索纸书曰："嗣乾坤而卦者曰'屯'。《易》曰'屯也者，物之始生也'，始生必'蒙'。屯之文曰'利建侯'，'我求童蒙'也。故曰'君子以经纶'，又曰'童蒙求我'，'利居贞'也。亦曰'包蒙，吉'。于是以贵下贱，则得民；于是受以需，则光亨。世之大不幸，只在无学，上下瞆瞆，为'屯'为'否'。君子者，以躬参赞，以极昌耀，倾否亨屯之责寄焉，故曰'物不可以终否，受之以同人'。"

164. 万历癸酉，师应诏起，复过留都，儒时游辟雍，谒师江干。留都诸缙绅毕集，儒与澹园焦君、秋潭翟君及秋官大夫卓吾李公、乾斋甘公俱。师询儒新功，儒对曰："力量浅劣，然吾师分授家事，不敢不领受支持。"师笑曰："予分授家事何如？"儒曰："天地万物为一体，使天地万物各得其所为极致，所谓'大学'，所谓'明明德于天下'，是吾师之门堂阃域；老吾老及人之老，幼吾幼及人之幼，所谓'仁义之实'，所谓'道迩事易'，是吾师之日用事物；赤子不虑之良知、不学之良能，与圣人之不思不勉，天道之莫为莫致，是吾师之运用精神。"师笑曰："予虽无如许层折，然大段亦得，吾子勉之。"儒对曰："不敢不勉。"卓吾李君曰："《大学》一书，专言大人之学，虽庶人亦未尝不明明德于天下，此则吾夫子独得之学，千古圣人之不能同者。且圣人之所谓'人'，千万世之天下合为一人之'人'者也。子谓吾夫子欲明明德于万世，非止一时之天下已也。"师曰："然、然。"

165. 一夕，卓吾公论西方净土甚详。师笑曰："南方、北方、东方，独无净土耶？"卓吾默默，众亦默然，久之寂无哗者。师曰："即此便是净土，诸君信得及否？"有顷，卓老徐曰："不佞终当披剃。"师顾儒曰："此意何如？"儒对曰："章甫而能仁，缁锡而素王，今人多未识得。"师曰："然、然。"

166. 淮南龙淮王君典问："如何方能为圣贤？"师曰："今世上千百万人，难得一二个思为圣贤，及讲求作圣之方，辄复草草。如讨论几场事物，贯串几段经书，便云是明理要；如执持一点念头，滞着方寸胸襟，便云是存心体。至于威仪行止，以仿佛儒先动履；静坐端凝，以希图圣神境界。及至终无成就，反咎圣为绝学，却不思起初种子一差，末后有何结果？此止之不可不知，而学之不可不大，有以也！"

167. 乾斋公问曰："念庵先生不信当下，其见云何？"师曰："除却当下，便无下手，当下何可不信？"甘曰："今人冒认当下便是圣贤，及稽其当下，多不圣贤。此念庵先生所以不信也。"师曰："当下固难尽信，然亦不可不信。如当下是怵惕恻隐之心，此不可不信者也；当下是纳交要誉之心，此不可尽信者也。不可不信而不信之，则不识本体，此其所以不著察；不可尽信而苟信之，则冒认本体，此其所以无忌惮也。善学者，在审其几而已。"甘曰："怵惕恻隐，便是圣贤否？"师曰："此是圣体，扩而充之，便是圣贤。"请问："何以扩充？"师曰："有所不忍，达之于其所忍，扩充之功也。若只见得怵惕恻隐之端，而不加扩充之功，亦只是闪电光，而难以语于太阳照也已。"

168. 乾斋公问："静而存养此心，动而体察成法，如此用功可得不偏否？"师曰："不可如此分别。盖随动随静，皆是本心，皆当完养。但完养之法，不可只任自己意思，须时刻警醒，必果无愧古之至圣。如孟子姑舍群贤三圣，以愿学孔子，夫岂能亲见孔子面耶？只是时时刻刻，将自己心肠与经书遗言精神查对，用力坚久，则或见自己本心偶合古圣贤同然处往往常多。然细微曲折，必须印证过后，乃更无弊。若初学下手，则必须一一遵守，就是觉得古圣经书于自心未稳，且当虚怀质正师友，决不可率意判断，以流于猖狂自恣之归也。"

169. 盐城自泉孟君一元问："致中和，其义何如？"师曰："圣贤学术，须先见得大处。即如今时，见人气象从容，应事妥帖，亦有目为中和者，此则仅足善其一己，而天下国家，未必推行得去。故《大学》《中庸》，开口便说个天下，正欲恢扩吾侪器局，联属天下以成其身。中则为大中，和则为太和，非是寻常小小家数。盖其根原，则自慎独中来。所谓慎独者，正是出类拔萃，顶天立地，卓然一身于天地间也。如此志愿以为工夫，如此工夫以毕志愿，则天地万物浑为一体。当其喜怒哀乐未施设作用时，其体段精神已包涵无外，天下事皆从其中妙应，而为天下大本也；当发用施设时，则一怒或可以安天下之民，一喜或可以造天下之福，中间节目皆足以和平天下，而为天下之达道也。故以天下大本形容慎独圣人，其中藏原非小可；以天下达道形容慎独圣人，其发用无不贯通处也。中和致极如此，果是包含遍复。大哉，圣人之道！洋洋乎发育万物，峻极于天矣。”

170. 师问儒曰：“闻春台蔡太守在贵府，联友讲学甚善，第其语意何所提倡？”儒对曰：“蔡公祖在会上，常举‘子曰：当仁不让于师’，此‘当’字，如吴下当里役、当粮役之‘当’，有役须当。愿会中诸君子，将仁当一当也。”师曰：“此真夫子吃紧为人语也，然未易识得。盖夫子此语出口之时，将上下天地、往来古今、彼此人物一齐勘破、一齐推倒，露无我无人之法体，发统天先天之眇论也。试绎思之，方觉有味。”

171. 山阳杨君忆孟问：“如何为‘天命之性’，如何为天地万物一体？”师曰：“夫四时百物皆天矣，奚复于吾人而外之？出王游衍皆天矣，又奚复于此心而疑之？故《中庸》以天之命为人之性，谓人之性即天之命，而合一莫测者也。谛观今人意态，天将风霾则懊恼闷甚，天若开霁则快爽殊常。至形气亦然，遇晓，则天下之耳目与日而俱张；际暝，则天下之耳目与日而俱闭。虽欲二之，谁得而二之也哉？夫天道幽渺，其不已不离，原不假言说。而吾夫子首发明之以作《中庸》张本者，盖欲吾人识知天不离人，人不异天，则一切谋虑、一切云为，俨然上帝临之，即隐而见，即微而显，戒谨恐惧而莫敢邪妄，庶感人心于和平、风世俗以淳厚，而王道荡荡平平之化可以会其有极、归其有极也已。噫！圣贤之慈悯吾人也，意亦至矣哉！"

172. 坐中有问："愚闻天下之道，皆从悟入。常观同志前辈，谈论良知本体玄微超脱，夷考其作用，殊不得力，何也？"师曰："吾儒之学，原宗孔孟，今《论》《孟》之书具在，原未尝专以玄微超脱为训。然其谨言慎行，明物察伦，自能不滞形迹、妙入圣神者，原自《大学》之格致、《中庸》之性道中来也。盖物格以致其知，知方实落；达道以显其性，性乃平常。此个学脉，最是圣狂紧关，学者不可不蚤鉴而敬择也。"坐中又有问如何识仁者，师曰："仁者，天地之生德，活泼泼地，昭著心目，苟一加察即真机现前。仁识，而天地万物自在其中矣。如见人入井而怵惕恻隐，则我与孺子原如手之扪足、唇之护齿，又焉有二体哉！"

173. 万历戊寅，师自燕归，道吴门，过儒庐时，淮安梁君兆明随侍。谈顷，师问儒曰："子于吾言，俱能榖手否？"对曰："蒙师指示，于日用间不见榖手，亦不见不榖手，第一念耿耿在。"师曰："云何耿耿？"对曰："人己感通之间，颇难。昔人云：学然后知不足，教然后知困。果非虚语，用是耿耿。"师抚掌笑曰："吾子原师耿楚侗，耿耿固宜。"已而正色曰："只此耿耿，乾坤之所以不毁者在是。尧舜之兢业，孔子之忧愤而不知老，无非此意。吾子勉之。"对曰："不敢不勉。"师曰："可以行矣。"儒强夕焉。次蚤，师命驾，儒追送吴江之南，师止儒。因夜坐语至宵分，凡平日之所引而未发者，多为儒发之。及曙乃别，师曰："此学不易，吾子好为之，毋忘昨一宵之言。"

罗近溪先生生平行实[①]

万历中，师从弟汝贞分训吴江，数为儒言师生平行实。参以儒所见闻，核以师之状志，次第其略。附记之。

师生于正德乙亥。

迨丁丑，甫三岁，独坐火围边，俟母宁安人未至而哭。父前峰抱之，哭止。随思曰："均此一身，心何苦乐倏异也？"辗转追思，未明其故。

五岁，安人授《孝经》。群仆故乱其诵，怒甚。忽自笑，告安人曰："儿才发怒，颇觉难转，人言

---

①　此标题系整理者所加。

腹中诸脏会横，果然。"安人异之。

师初就口食，每食畏近荤腥，惟嗜蔬茗。稍以他物进，则不悦。父母怜其弱，为灼艾治之，而未觉其出自性生也。

七岁，入乡学，即以孔圣为的，时时称说《孝经》。

十有五，从新城洞水张先生受学。张事母孝，每教人力追古先。师读《论语》诸书，有省，毅然以兴起斯道为己任。偶同弟汝顺、汝初、汝贞夜坐。问曰："有一心事，试语汝辈。今予世事，方动端倪，设命缘辐辏，中个状会，进升宰辅，昼锦归闲，如是寿考告终，汝兄可泰然以盖棺否？恐不能矣！"汝贞竦然，且曰："迄今不忘也。"

辛卯，学宪东沙张公刻颁《二子粹言》，师悦玩之，内得薛文清公一条云："万起万灭之私，乱吾心久矣。今当一切决去，以全吾澄然湛然之体。"若获拱璧。焚香叩首，矢心必为圣贤，立簿日记功过，寸阴必惜，屏私息念。如是数月，而澄湛之体未复。

壬辰，乃闭户临田寺中，独居密室。几上置水一盂、镜一面，对坐逾时，俟此中与水镜无异，方展书读之。顷或念虑不专，即掩卷复坐。习以为常，遂成重病。前峰公谓师由戕丧，咎之。师乃直述其故，曰："儿病由内，非由外也。惟得方寸快畅，于道不逆，则不药可愈。"前峰公遂授以阳明王先生《传习录》，指以'致良知'之旨。师阅之大喜，日玩索之。病瘳。

丙申，师游泮，谒文庙，瞻拜孔子，且见伯祖圭峰公遗迹，心殊恻动。归而寂思至晚，遂联数十友为会。虽作举子业，而商订理学居多。

乙亥，师益锐志圣学，力肩斯道。父子、兄弟、亲友自相师友，故盱中有志之士多观感兴起，而师倡导之功兹始矣。

庚子，会考。省中缙绅士友大举学会，见吉中山农颜公钧。山农出泰州心斋王先生之门，而解演说'致良知'之义旨。师因述己昨觏危疾，而生死毫不动心，今失科举，而得失绝弗撄念。山农俱不见取，曰："是制欲，非体仁也。吾侪谈学，当以孔孟为准。志仁无恶，非孔氏之训乎？知扩四端，若火燃泉达，非孟氏之训乎？如是体仁，仁将不可胜用，何以制欲为？"师闻之，悟曰："道自有真脉，学原有嫡旨也。"遂师事之。朝夕专以孔子求仁、孟子性善质正之，于四书口诵而心惟之，一切时说讲章置之不观。闲作时艺，随笔挥成，见者惊服，私相语曰："乃知学问之大益举业也。"

癸卯，荐乡书，时年二十有九。师同庐山胡公、洞岩周公及诸同志大会于滕王阁数日。次年甲辰，举会试。师同波石徐公、中溪颜公、西石王公、梦坡敖公、二华谭公及诸同志大会于灵济宫。俄闻前峰公有疾，遂不应廷试归。

乙巳，师建从姑山房，以待四方游学之士。矢心天日，接引来学。日与诸友论驳明道、象山、阳明、心斋义旨，足不入城市。

丁未，师往吉安谢山农颜公。因遍访双江聂公、念庵罗公、东廓邹公、狮泉刘公辈，商榷学问。师尝语儒曰："予会试告归，寔志四方。初年游行，携仆三四人，徐而一二人，久之自负笈行，不随一价。凡海内衿簪之彦、山薮之硕、玄释之有望者，无弗访之。及门，惟以折简通姓名，或以为星相士，或以为形家，或通或拒，咸不为意。其相晤者，必与之尽谈乃已。"

戊申，师遣人以厚币聘楚中胡子宗正。宗正旧常以举业束脩师，师知其于《易》有得也，兹欲受之。比至，则托疾杜门，寝食不相离。及有所叩，漫不为应。师曰："我知之矣。"遂执赞愿为弟子。宗正乃言曰："《易》之为《易》，原自伏羲泄天地造化精蕴于图画中，可以神会，而不可以言语尽者。宜屏书册，潜居静虑，乃可通耳。"师如其言，经旬不辍。宗正忽谓师曰："若知伏羲当日，平空白地著一画耶？"师曰："不知也。"宗正曰："不知则当思矣。"次日，宗正又问曰："若知伏羲当日，平空白地一画未了，又著二画耶？"师曰："不知也。"宗正曰："不知则当熟思矣。"师时略为剖析，宗正默不应，徐曰："障缘愈添，则本真益昧。"如是坐至三月，而师之《易》学恍进于未画之前，且通之于《学》《庸》《论》《孟》诸书，沛如也。

师遍游海内，归则多处姑山。决策尼圣，凝神《易》理，方便接引来学，若将终身焉者。或谓宁安人曰："而子幸一第，乃不为进取计，何轻视科名若此？"安人曰："吾儿正不欲轻此科名故耳。今当勉从雅意。"遂置装促师北上。

庚戌，师至维扬，约龙溪王公、绪山钱公大会于留都天坛道观，竟不果行。大洲赵公时官祠部，对众叹曰："罗君倘在孔门，与曾参氏颉颃矣。"

庚戌秋，大会江省月余。溯流至螺川，集会九邑同志。辛亥，蓉山董公邀会乐安，老幼走百里者不可胜计。暮春，师归盱，立义仓、创义馆、建宗祠、置祭田，修各祖先墓。暇则讲里仁会于临田寺，以淑其乡人。

壬子，江西抚台梦山夏公按建昌，游从姑，讯庵僧曰："谁尝处此？"僧以师对。夏遣官请见，师野服萧然。夏曰："盛养壮年，安得遽为此也！"命有司备路费，促师北上。

癸丑，廷试中式。时内阁存斋徐公、部院双江聂公、南野欧阳公、俨山周公，皆以兴起斯学为己任者，乃定会所于灵济宫。师集同年桂岩顾公、近麓李公、洞阳柳公、望山向公、一吾李公，会试同年昆湖瞿公、泽峰吴公、浑庵戴公、少龙贺公、敬所王公，旧同志善山何公、西吾张公、吉阳何公、浮峰张公、芳麓王公数十百人，联讲两月，人心翕然，称盛会也。

是夏，领选尹太湖。时蕲黄、英山多盗，白日流劫，湖民近界者不胜其害。江防使者遣兵戍其地，民滋弗宁。师廉得其实，迨抵任，则人情汹汹，递相告急。师往谒当道，密画事宜，谓当首撤巡兵，次缉渠魁，不必纷纷，庶境土可静、民生可安也。当道允之。贼见官兵既撤，又觇师日以讲学化士民，遂以新令怯弱为幸。师知其懈，曰："此之弗图，将无及矣。"即率民勇，星驰至盗处，潜住民间瞰贼。是夕，贼方集一所，张灯作乐欢饮。师率壮士突入，即席擒缚有名贼首七人，余党惊遁。师晓谕抚安，远近帖然，积年之寇，俄顷平焉，人以为神。所至，集父老从容诲训之。于是，小民闻风争持果酒，叩道傍求见。湖赋素难办，因与之约，悉得诣县自纳，设柜于门，民甚便之。复流移，修庠序，令乡馆师弟子朔望习礼歌诗，行奖劝焉。立乡约，饬讲规，敷演《圣谕六言》，惓惓勉人以孝弟为先。行之期月，赋日完，讼日简，闾阎颂声，台司荐疏，籍籍也。

塘南王公时槐作师传，云："嘉靖乙卯，予以南主客郎出金闽臬，道经太湖。先生时为令，留止信宿，邀至演武场观兵壮射。先生语予曰：'吾兹校射，中一矢以上者，赏有差；不中者，罚。盖不中者，不得受募金，即以增给中者，是移罚为赏也，官不费而兵壮自劝矣。'又曰：'吾此心每日在百姓身上周回，不暂舍也。'予闻斯言，悚然谨识之。及入闽，祗服未敢忘，复仿其校射之法行于漳南。久之，以靖山海寇警，幸获成效。"

嘉靖丙辰，师入觐，秩亦垂满矣。时分宜当国，政以贿成。师弊例悉罢，行李萧然，识者刮目。严虽不悦，然以荐剡籍籍也，乃托其壻袁工部者邀师一见，则台省可得。师曰"有命"，竟不往。久之，擢刑部主事。适闻古冲李太宰以诬获罪，欲弃官归，具疏终养。座主存斋徐公力止之，乃已。次年丁巳，师乃赴任，沿途讲学，不以官为意。比抵部，大司寇淡泉郑公每见必曰："太湖之政何，得民如此？"部事无大小，就师质之。一时人称明允，师力居多焉。

嘉靖庚申，分宜父子横恣海内，士大夫皆不平。鹤楼张公、悟斋吴公、幼海董公并疏论之，朝廷震怒，下狱议戍。继而，楚侗耿师疏论吴冢宰。时，陆锦衣搜索唆谋，同志股慄，师独就鹤楼三公于部狱，同寝处者四五日，就耿师于朝房，同寝处亦四五日。众皆以昏曚弗识忌讳为诮，而不知师德义之勇，类如此也。

师出审宣大狱。时分宜憾青霞沈公，沈虽死，余犯尚多，当道属曰："是狱最为紧要，速尽决之。"师审实，多从轻论，闻者咋舌。后分宜败，言官发沈之冤，余犯皆释，问官反坐，独师与按台陈公获免。后陈见师，每举此相谢也。是年，止斩一人、绞一人，向多风霾阴晦，兹日独晴暖。二山杨公同事，叹曰："今日非行刑，乃行仁也。"宣大事毕，辛酉回江省，学者大集。

壬戌，师在京大修部司火房，集一山罗公、合溪万公、小鲁刘公、见罗李公、鲁源徐公辈，日夕聚论，商榷理学。未几，师补宁国守，往辞存斋徐公，公不发一语，师莫知其故。出遇五台陆公，问之，公曰："徐公久为兄谋，而无善地，意在南考功，而部不知，就兄宁国，此大失公初意耳。"师笑曰："兄且休矣。宁国不足以取公卿，独不足以取圣贤乎？"陆拱手谢曰："壮哉，罗兄志也！此岂人所及哉？"

师之宁国，凡士民入府，则教以孝顺父母，尊敬长上。或曰："孝顺父母、尊敬长上，足以治宁国乎？"师曰："奚啻宁国已也。"数月，教化大行，远迩向风。且联合士民各兴讲会、清逋欠、修堂廨、建志学书院。堂事稍毕，即集郡缙绅周潭汪公、受轩贡公、都峰周公、砑石屠公、毅斋查公辈，相与讨论。郡邑庠生侍坐听之，人各感动。其中奋发兴起者，如沈子懋学、徐子大任、萧子彦、詹子沂、赵子士登、郭子忠信等百余人。师开导不倦，多至夜分，精神契合，民亦潜服，且日迁善，郡堂经月鞭朴不闻。诸公笑曰："此翰林院也，岂云郡堂哉？"师曰："是皆从孝顺父母、尊敬长上中来也。"

师莅宁国，甫七阅月，枫潭万公总督南粮，谓宁国南粮三载并未到部，例当疏参。师详核其故，具揭白之。随遣官赍粮解纳，不一月，三载之逋悉完。例未入荐，万公破格荐云："无我得正己之尽，存神妙应物之感。"众相讶曰："如斯出格，如斯荐语，前所未有也。"

南陵额种官马，百姓苦之。师引通州旧例请于抚按，而自具奏请罢之。兵部禺坡杨公恐照例者纷纷，欲不允。存斋徐公谓杨公曰："罗子好人，必能知人。吾欲就之南考功，徐转而北，将重托焉，不意外补。今初作郡，经济方新，宜成厥美。"杨公乃允。岁省民间七八千金，民至今颂之。筑泾县、南陵、太平三城及罗公圩，皆师设法成之。

甲子，修水西书院，联徽宁、广德之大夫士讲会其间，理学丕振。他如议处迎景王宫眷之役夫，定醮斋云文武之班次，弥太平府百姓之鼓噪，减太平、南陵二县之浮粮，缉泾县鸡子岭之寇盗，无不从容中度，上下宜之。台司无弗注上考者，师之治行为天下第一矣。

乙丑，入觐。吏书养斋严公、考功五台陆公考师卓异，诸公卿相谓："罗宁国真实好官，不可多得！"时台拾遗首及金湖方公，师力为昭雪，始解。

谒政府存斋徐公，公访以实务。师曰："此时人材为急。欲成就人材，其必由讲学乎！"公是之。遂属师合部寺台省及觐会诸贤，大会灵济宫。徐政府手书程子《定性》一书"学者先须识仁"一条，令长子携至会所。兵部南离钱公出次朗诵，诸公恳师申说。师亦悉心推演，听者跃然。详见《灵济宫会语》。

王奉常作师传云："乙丑，予为符卿，先生以宁国守入觐。既见政府存斋徐公，出语予曰：'吾适见徐公，首言公当劝皇上以务学为急，然必于其左右螯御、御马先之。公诚能使诸大阉知向学，即启沃上心一大机括也。公奈何仅循内阁故事，以塞其职耶？公大以吾言为然，因叹曰：诸君讲学，犹是空谈，未足风世，得君相同心学道，寰宇立受其福矣。'"

师晤太岳张公，语之曰："君进讲时，果有必欲尧舜其君意否？"张沉吟久之，曰："此亦甚难。"师叹曰："公所居何等责任，乃无一段真精神以感格君上，而第为此言，不为上负天子、下负所学哉？"有从旁解之者，曰："此亦无可奈何。"师责之曰："吾与张君言至此，欲为滴泪，而君犹为诙言以相宽，是无人心者也！"张黯然。

觐事竣，师还郡。适吉泉王直指按郡，郡中寂然无事。王谓所属曰："人言罗守以学会、乡约治郡，予始讶其迂，今阖郡相安无事，则信乎其为卓异也！"因命集父老子弟而观其歌诗习礼，王深加奖赏，且谕之曰："察院旌赏，不可易得。况他郡皆惩恶，而此郡独赏善，尤不易得也！"

无何，闻前峰公讣，奔归。士民缙绅送逾百里，无不泣别。合郡士民作《攀辕录》，今存。亦有追随不舍至家者，如梅井郭君及胥吏辈凡数十人，儒所见也。师治宁悼政，具见宣城耆民魏世录所刻《宛水攀辕图说》中。

丙寅，建前峰书屋于从姑山，四方来学者日益众。儒于乙丑秋，初住从姑一百二十日，后往来其间者几二载。

戊辰，闻山农颜公以刚直取罪，幽系留都，师乃称贷二百金，同二子及门人买舟往救。或曰："山农不及子，子师之何也？"师曰："山农先生在缧绁之中，而讲学不倦，虽百汝芳岂及哉！"既而，赖同志并力设处，得戍邵武。南皋邹公撰师墓碑有云："山农虽以学自任，放言矢口，得罪缙绅不少，南刑曹业置之死地矣。先生以身代，为之赎，而颜得生全。且颜贫，视先生家若内库，随取随厌。颜又喜施予，随施尽，又辄随其所请。先生年已耄，每颜怒，先生跪于榻前，颜批其颊，不少动，俟怒解始起。夫颜横罹口语，学非有加于先生，而终身事之不衰。生之缧绁，周之货财，事之有礼，此祖父不能必之孝子慈孙，而得之先生。嗟乎！即此天地可格，神龟可动，矧曰其他。"又曰："梁夫山囚楚，先生鬻田往援之。或讽先生曰：'夫山害道，宜罹于法。'先生曰：'彼以讲学罹文罔，予喜嘉其志，不论其他。'胡宗正幼师先生矣，先生闻其于《易》有传，复不难北面宗正。盖先生真见天下无一人不善，天下无一人不可师。己耶，人耶，物耶，浑然无间，谁能阂之？或疑先生学大而无统、博而未纯者，先生曰：'大出于天机，原自统；博本乎地命，亦自纯。'予诵斯语，恍然如见先生。夫不本其自统、自纯者为学，而以意念把捉为统、为纯，嗟乎，此学之所以难言也！"

己巳，居宁安人之丧。辛未，窀穸事竟。乃周流天下，遍访同志，大会乐安、大会南丰、大会韶州，由郴、桂下衡阳，大会刘仁山书舍。每会必有《会语》，今存，而此学大明。且是行也，游濂溪月岩，谒永州舜陵，纵观九嶷，深入蛮洞，陟日观于上封，读禹碑于岳麓，酌贾谊井泉，挹汨罗庙貌，而衡、湘幽胜殆尽其概矣。

壬申，当道引哀诏，促师起复。癸酉，北上过江省，大会旬日。遂从大江而东，沿途如饶州、安庆、宁国、留都、扬州，凡相知同志者，络绎邀师会讲。不佞儒与澹园焦丈、秋潭翟丈自留都至扬州，从师舟中凡十余日，缙绅士友无日不会。师亦舒徐，处处聚乐，名虽入京，实则联友共学也。过真州，觉斋徐公大任司闸坝，方建书院，闻师至，大集生徒讲学逾旬。至东昌，两溪万公已治馆谷，留家属，促师进京。

师至铨部，司厅报师见堂。禹坡杨公谓应谷刘公曰："此君去宁国时，有谮之者，适周都峰昌言于朝，而耿学院之辨疏亦至，乃知人言之妄而论定矣。"师见禹坡公于馆，公笑执师手曰："宁国之政，大得民心。鄙怀久念，不意今日乃得面也。"

师会江陵张公，张问师山中功课。师曰："读《论语》《大学》，视昔稍有味耳。"张默然。翌日，招师，且约义河李公陪师。坐定，张顾李曰："近溪意气，视旧无异。"师曰："不免伤感大多尔。"张曰："何故？"师曰："间阎疾苦，不能一一上达也。"张曰："即韩、范、富、欧，亦不能俱达也。"师笑谓李曰："弟辈连宵欢呼庆幸，以老先生受知圣主，大用明时，即皋、夔、稷、契不多让矣。"张曰："然则尧舜独不病博济耶？"师曰："此自人言尧舜耳。自鄙见论之，唐虞君臣刻刻时时必求博济也！"张举酒不言。久之，曰："胡庐山安在？"师曰："在广西按察，昨得书，言归矣。"盖憾师如胡之不顺己也。遂补师东昌。麟阳赵公忿然曰："奈何促贤者一出，而仅以郡符劳之耶！"比至东昌，治之如宁国，三月而士民孚之。修学宫及城隍

庙，费数百金。定解边饷银法子，岁省民万金。此
皆师推己所宜有以惠民者，民皆交口祝拜无异词。
未几，迁云南屯道宪副。

甲戌，师自东昌归盱。时年六十，远近门生咸
集师庭称寿。师乃合郡中同志数百人，大会于盱之
玄妙观，旬日始解。时，师遣家属，具疏乞休，当
道强止弗上，将劄付改限，促师南行。

玄妙会时，诸同志有华山之约，师闻之曰：
"予欲登华山亦久矣。且向许再会乐安，此可偕
行。"于是，由崇仁，抵宜黄，登华山，直诣乐安
大会。彼时，昼饮联席，夜卧联榻，坐起咏歌，无
非是学也。

董司寇裕、詹侍御事讲、曾运使维伦、陈刺史
汝凤、游贡士彻、陈生致和、陈生廷礼侍师登华盖
绝顶，岩峦峭拔，壁立万仞。及夜，子谈孔孟宗
旨。时月华五色、玲珑掩映，诸君子喜曰："神圣
之道，果有致极之妙，苟非身亲见闻，谁能信得奇
异如此也？"

陈生廷礼请教。师曰："'道心惟微'，必睿乃
足以通之。故'思曰睿，睿作圣'也。吾人辄以浮
气强探、肤词漫道，往往自谓能致力于学，诚俗所

谓'粗麻线透针关'也，则见之左也甚矣！"

游君彻问曰："《中庸》之'诚'与'明'，如何分别？"师曰："近来用工，却全不在此等去处。"游曰："不在此处，却在何处？"时方食点心，师指而言曰："只在此处。盖此食点心时，叫做明也得，叫做诚也得。只此食点心，也叫不得做明，也叫不得做诚。但点心已是吃了，亦不消再叫诚叫明也。以此推之，则四书五经，百般万样，诸般道理，诸般名色，都可以从吃点心一处起，亦都可以从吃点心一处了也。"

吴生良凤问："老师尝勖人愿学孔子，请问孔子如何去学？"师曰："孔子，大圣人也，万世无及焉。然其实非孔子之异于万世，乃万世之人自忘其所同于孔子者耳。孟子云：'大人者，不失其赤子之心。'夫赤子之不虑不学，与孔子之不思不勉，浑是一个。吾人由赤子而生长，则其时已久在孔子地位过来，今日偶自忘之。岂惟赤子然哉？孔子宗旨只是求仁，其言则曰'仁者人也'，彼自异于孔子，或亦自忘其为人也耶？省之，省之！"

师至乐安流坑，董氏少长毕集，忻悦融融。同行诸生笑曰："昔人春风中坐一月，相传以为美谈。

吾侪自秋迨冬，旦夕数百辈，老安少怀，朋友信从，熙洽贯通，若世羲皇，不知视一月春风又何如也？"

徐生怀义叹曰："我师自初至以迨今日，时有寒暑，日有早暮，而贯四时、通昼夜，无一时离朋友，亦无一刻废讲论，真是人间一异事也！"师曰："汝看我讲论时，如何用工？"生曰："义见师讲处讲耳，工夫则不知也。"师时方啜茶，笑曰："我且啜且讲，则又何如？"生曰："如此便是啜处讲、讲处啜也。"

乐安余大尹问曰："'淡而不厌'，是下学立心始事否？"师曰："论下学立心，故当淡，孔明所谓非此无以明志是也。但此章宗旨，却是接上文'固聪明'、'达天德'说来，若曰：必耳目不用，然后天道可达；天德能达，方是至道可知。盖道之至处，是声嗅俱无；声嗅俱无，须'淡''简''温'以入之也。此等境界，耳目聪明何所用之？耳目不用，精凝于神，神知自明，则无'远近''风自''微显'，一以贯之矣。天之至德，人之至道，不相入而靡间也耶？下文'人所不见'，以至'笃恭而天下平'，皆是极其形容，以归于'无声无臭'之至，非果有许多层数工夫也。"

乙亥，师莅云南，治昆明堤。滇中有滇池，又名滇海，即昆明池。周回三百余里，其口出昆阳州，迩来淤塞殊甚，水溢则大为民患。师询之人，曰西高而东下，令从下者濬之，省原估费十之九。且与其父老履亩寻水利，复金汁、银汁二沟，民便耕种。乘暇遍历郡县，凡水之利害无不平治。秋尽，由大理入永昌，浚龙池，引沙河。所至，与僚友旸谷方公、同野李公、乡缙绅寅所严公、麓池郭公辈相与定期，集士子讲学作文以为常。同野公曰："罗公原是龙精，所至水泉涌出。"寅所公曰："滇中银浮雪涌，皆罗公心源灌注也。"麓池公曰："近老在滇，时虽不多，而一念爱民忠国、礼贤好士之意，蔼然可掬，纯然不私。田亩素无塘堰，膏腴不收，自近老来，督工筑堰，布满滇中。即今每岁丰登，军民充裕，谁之赐耶？此百世功也。"

永昌巡毕，过腾越。行来半日，飞报踵至，则莽贼大至矣。居民奔移入城，州城昼闭。师严行牌面，以张声势，且发郊外兵夫入城戍守。谍报莽兵数万已近三宣，其前锋木邦罕拔尤为猛悍。师檄州卫出兵御之，虎牌所至，号令异常。莽酋号莽哒喇者，名瑞体，疑师有备，引去，转攻迤西。腾、永士民咸庆再生。抚按闻之，即檄师兼署兵巡。时莽兵急攻迤西，其土宣抚思、个求援。师按迤西近地，授以方略，前后困之旬有余日。复驰谕三宣，遥相犄角。瑞体尽锐力战，得脱。谍报莽兵实五万，数日内死伤者十之九。瑞体谓其下曰："吾自用兵以来，未有此困。"三宣又声言尾之不能去，师遣通事谕之：降，俾献地图，受爵，修贡。瑞体厚犒通事，愿如命，且请贡期、贡数，以便遵守。师详报抚院，而毅庵王中丞骇甚，以为引衅，一日五遣牌，止之。师乃令莽酋可再来听议，闻者解体，莽遂佚去，时丙子春也。后给谏宜庵杨公奏师边功，其略曰："原任云南屯田副使罗某，职屯田而兼摄学道，造士安民，一以讲学是事。抚臣王某动以迂士目之，时以金、腾缺兵巡，则檄之代署，意以军旅事苦之也。某目击罕拔之横，心怜思、个之危，一接兵符，慷慨前往。至即发库金、广储粟以固根本，严哨守、据要害以防间谍，稽保甲、练土著以备不虞。又调各附近砦兵轮番赴腾以震声威，购通事深入以探虚实，出火药助攻以摧象阵。又以信义结诸土司，以威福谕各夷寨，以利益化众奸商。当其时，金、腾生气，夷方股慄，虽未必能越江外、擒瑞体，而近戢罕拔之横，远助思、个之援，谁之力也？奈何抚臣惧以引衅，挟以参提，一日旗牌五遣而兵遂撤，某之志未酬也。"麓池郭公亦曰："近老迤西一行，深入不毛，奋身不顾，用间用谋，使稍假以时，几获贼首。劳力劳心，天日可鉴。奈为王毅庵所阻，迄今谁不恨叹？使曩时得行其志，又宁有今日内侵之巨祸哉。此智士之所以扼腕，而仁人君子所为痛哭流涕长太息者也。虽然，事虽未成，而其心其功至今不泯矣。"盖滇中士民，无不忻获安宁，而犹憾未能永除边患，为国家惜之耳。

初至腾越，警报虽急，师亦合缙绅士民会讲于来凤山堂。此堂以"默识"名扁，王文成公手笔也。众坐方定，忽报莽贼前锋失利，而党众犹自鸱张，遂仓卒遣师，未得终会。越数日，诸乡达复修会，亦坐方定，捷音叠①至矣。乃更赓歌相庆，诸缙绅顾州守张君曰："吾腾文事武备，一时济美，则万世无疆之休，诚于此会卜之矣。今兹会堂以

---

① "叠"，原缺，据《罗汝芳集》（凤凰出版社，2007）补。

'默识'名扁，而罗公祖《五华会语》谓孔子'默
而识之'之'识'，即明道'学者先须识仁'之
'识'，果然'仁'字'识'得，则疾痛疴痒、恫
瘝乃身，即文事之修、武备之饬，俱是不厌不倦实
地工夫处矣。"

　　复有客问曰："公祖《会语》谓'学不厌，教
不倦，何有于我'为不难，不知他章'入事父兄，
出事公卿'亦云'何有于我'，则亦可得言不难
否？"师曰："此亦从'默识'中来也。盖既认得
父兄是我之亲，公卿是我之尊，则自然推不开、脱
不去，其敬事勉力，亦已不得，如无所解于其心，
无所逃于天地之间，庄子且能言之，而孔子却肯说
此事'何有于我身也哉！'"客良久叹曰："子贡
当时说'夫子不言，小子何述'，却是推开了自身，
而欲觅之于外。'天何言哉'，正为方便指以'默
识'的头面与他。今若晓得四时之行，不得不行，
便见夫子不厌处；百物之生，不得不生，便见夫子
不倦处。"张州守嚛然喜曰："此岂惟可以知夫子之
'默识'，且可以知程子之'识仁'。盖我与仁原是
一个，四时百物亦原是一个，岂有学不厌而教乃
倦，亦岂有四时常行而百物不生者哉？"张守徐起，

又问曰："看来孔门'仁'字只是个'一'字，所以先正有欲把'易有太极'的'易'字作'一'字看，然则所谓识夫'仁'者，总只是见夫'一'也。"诸生复有质问者曰："曾子谓夫子'一贯'之道即'忠恕而已'者，却不知'忠恕'与'一贯'又何所分别也哉？"师曰："分别即不是。才汝张父母云人与己是一个，四时与百物是一个，知得此个'一'处，便知得孔子仁与恕处矣。"诸君因共浩叹曰："今之天下国家，若都晓得此个意思透彻，则诸宣抚虽远，亦可联之几席；莽哒喇虽夷，亦可服以华教。而况目前生民，有不如保赤子、如切体肤也哉？"师曰："此个责任，原人人本固有的，亦人人本该得的。孔子说'仁者人也'，今出世既为'人'，便出世来当尽'仁'也。尽这个'仁'，以为这个'人'，则其人又何所不该括耶？即如今时乡村俚语说'某人是个人''某人不是个人'，其曰'是人'也者，岂谓能梳头洗面而穿衣吃饭耶？其曰'不是人'也者，亦岂独谓其头面不整而巾履不备也耶？要必举其所以处事、所以处人、所以处家国而言之也。故此意只患人不知不觉，若知觉得时，自便不容辞，亦不容已。如我今知得是屯道，则屯政敢自诿耶？张君今知得是州守，则州事敢自诿耶？故屯田事、州中事，诸公一众即问之亦可不应；若我与张君，则身虽在此，而心则往来四境凡几番矣。"诸君叹曰："身在此，而心每往来，则可以言'默而识'矣。屯是州之屯，州是省之州，张父母之心便同公祖，公祖之心便同张父母，则是'默而成之''不言而信''存乎德行'矣。"客有年大者进曰："如公祖与父母，则可谓纯是天理矣。但不知人欲杂时，又作何用药也？"师相顾嘱曰："君老矣，不应复有此大受用。若说破此等受用，则岂止从今至百二十岁，即从此至千万亿岁而无疆无尽也已。盖凡言善恶者，皆先善而后恶；言吉凶者，皆先吉而后凶。今盈宇宙中，只是个天；只是个天，便只是个理。惟不知天是理者，方始化作欲去。如今天日之下，原只个光亮，惟瞽了目者，方始化作暗去了也。"客曰："凡物有个头脑，此'默识'而知是学问的头脑，二位公祖、父母是一堂人的头脑。学问无'默识'，便邪便乱；百姓无官府，便邪便乱。不知在主宰上先立其大，而惟末流治之，则虽尽戮莽人，而边鄙终不得宁谧也已。"年大之客憬然悟曰："幸矣，幸矣！我公祖未说破时，老怀慌慌乱乱，只觉得人欲纷扰一般，今一唤醒，则反而求之。我自清早起来梳头洗面、顶冠束带、清茶淡饭，继而踊跃赴会，扶筇登山，迎公祖而坐，听诸君而讲，耳聪目明，身轻志快，即俄顷之间，而寸寸步步俱化作一团天理。果然天日常明，而人自双盲也。学问之有头脑也，有如是哉！”

翌日，复会凤山书屋，举城父老子弟骈集。有客言“今日堂上堂下人虽千百，而相向相通，心却浑然合成一个”者；有因师言感化陇川夷人，而赞以为真能以万物为一体者。乃一生进而问曰：“万物一体，诚仁者之心矣。然孟子却云‘仁者人也’，‘合而言之，道也’，不知‘仁’与‘道’又何所分别也耶？”师曰：“孟子此言，即《中庸》‘率性之谓道’一句也。盖仁之为言，乃其生生之大德，普天普地、无处无时不是这个生机。山得之而为山，水得之而为水，禽兽草木得之而为禽兽草木。‘天命流行’‘物与无妄’，总曰‘天命之谓性’也。然《礼经》云‘天地之性人为贵’，人之所以独贵者，则以其能率此天命之性而成道也。如山水虽得天性生机，然只成得个山水；禽兽草木虽得天地生机，然只成得个禽兽草木。惟幸'天命流行'之中，忽然生出汝我这个'人'来，却便心虚意妙、头圆足方、耳聪目明、手恭口正。生性虽亦同乎山川禽兽草木，而能运用显设，平成乎山川，调用乎禽兽，裁制乎草木。由是限分尊卑，以为君臣之道；联合恩爱，以为父子之道；差等次序，以为长幼之道；辨别嫌疑，以为夫妇之道。此是因天命之生性，而率以最贵之人身；以有觉之人心，而弘夫无为之道体。使普天普地，俱变做条条理理之世界，而不成混混沌沌之乾坤矣。"众齐赞曰："公祖之言，正所谓'人者天地之心'，'天地设位'而'圣人成能'也。"师曰："此'心'字，与寻常心字不同。大众在此，须用个譬喻才得明白。盖人唤作天地的心，则天地当唤做人的身。如天地没人为主，却像人睡着了时，身子完全现在，却一些无用。天地间一得个尧、舜、周、孔、颜、孟主张，便像人睡醒一般，耳目却何等伶俐，身体却何等快活，而家庭内外却何等整齐也耶！"众叹曰："'圣人不生，万古长夜'，此语诚为至言。今我此身，本可以为尧舜、为周孔、为颜孟，而顾自甘于禽兽以同污贱，自沦于草木以同朽腐，其机诚在于醒与不醒之间。今日责任，又在于我公祖以先知觉后知，以先觉觉后觉，而使腾冲内外同一常惺惺焉乃妙也。"一生复进而问曰："人之睡，贵于能醒，果然。但孟子云'鸡鸣而起，孳孳为善为利'，虽均一醒，而所为又自不同，则将奈何？"师曰："醒与睡，是将来作个比喻。醒睡之醒，止从开眼说醒；觉醒之醒，则从心开处说醒。若以眼开之醒，而即当心开之醒，则自尧舜以至颜孟之外，比比以甘同禽兽草木者，岂尽闭眉合眼之人耶？惟须得如今日一堂上下，人人出见本心，则人与仁合，即上司便成上司，僚属便成僚属，乡士夫便成乡士夫，群弟子便成群弟子，岂不人道昭布于此一堂也哉？"又问："'合而言之'之'道'，与'本立道生'之'道'，可相同否？"师曰："《论语》首言'学而时习'，即继以'其为人也孝弟'，盖孔子之学，只是教人为人，孔子教人为人，只要人孝弟。所以又说'仁者人也，亲亲为大'，'亲亲'即'仁'，以孝弟之'仁'合于为人之'人'，则孝可以事君，弟可以事长，近可以仁民，远可以爱物，齐治均平之道，沛然四达于天下家国而无疆无尽矣。'合而言之'，则道岂有不生也哉？"

丙子，修筑州之侍郎坝。初苦无石，偶游山后获之，若神助然，此为民利颇多。师以时事久平，乃缴还兵巡符印而转出境，人情恋恋遮道不能行。

还省，以病告，抚按坚留，又以学道符印送掌。时贡选期迫，弗及辞。第贡例方严，各省多希江陵意，大有颠倒。师每处照旧应以正贡，或以恐发回将累公者，师曰："于理宜然，奚所计累？"

校士毕，入乡场。师大小事无不精办，至作程文阅卷及取士俱核，监临叹曰："材全德备，可大受又可小知，君子以上人物哉！"

秋后，征收屯米，大有余羡，至多露贮。抚院笑以问师："何术致此？"师正对曰："只举斯心加诸彼而已。"抚院改容称服。

时又总司印，江陵时欲多决重囚，巡按愚所李公托师详审，师开决数甚少。李曰："不致取怒耶？"师曰："此处利害得失，须较轻重。古之为囚求生道者，何所不至，而敢希人意多杀戮乎？"临期捆缚，师为热汤饭、盛柴火，教以动念向善，俾一灵有归，不为世害，且得终吉。囚徒感泣，罔有怨詈。后李见师，必曰："决囚后每夜怯于独宿，如非公确减其数，此心何以安也？"师曰："独宿虽无所惧，不安自是本心。"比江陵见人数少，各坐罚俸。师语共事诸公曰："罚俸自是不佞分内，独以累诸公，心不安耳。"诸公咸曰："吾辈甚安。"师曰："诸公安，不佞安矣。"

丁丑，师筑近省晋宁、安宁二州城。暇日辄临乡约，其父老子弟群聚听讲者动以千计，风闻远迩。争斗渐息，几于无讼，凡狱有疑，决在俄顷。至于旌表节孝，多特举焉。

二月，转左参政，总理两司。于远村筑塘，开局铸钱，无不立办。未几，捧贺入京，士民遮道呼号，依依不能舍去，真若赤子之恋慈母也。

庆贺事毕，师具疏乞休。同志毕集，日为会。张江陵亦遣三子礼谒师寓，师以通家子侄待之。至有所论列，师不贬从，止各馈以纱一疋、翻刻《感应书》一册。江陵滋不悦。义河李公面师，言曰："昨见政府，谓公处滇中事甚当，即书报都院，必复借重一行，其如远劳何？"盖以尝试师，且畏人言，欲其少附己，当终用之也。师谢曰："深荷垂念，但早已具告吏部，今不复入矣。"李即以其言复，张益怏怏。是日，师遂移寓城外寺中。诸同志闻师具告，多携席就师宿，而司寇白川刘公亦携榻赴焉。张素不悦刘，乃嗾一给谏并论之，师致仕归。

戊寅，师归卧从姑山房。远近就学者众，或曰："师以讲学罢官，盍少辍以从时好？"师曰："我父师止以此件家当付我，我此生亦惟此件事干。舍此不讲，将无事矣。况今去官，正好讲学。"

时严禁讲学。或曰："师宜辍讲，庶免党祸。"师曰："人患无实心讲学耳。人肯实心讲学，必无祸也。党人者，好名之士也，非实心讲学者也。"

乙卯，从凝斋刘公之请，偕二子轩、辂入广，二子终于肇庆。殓毕，从南海历惠、潮入闽，遍访同志所在，大会而后归。

轩寝疾，执师之手曰："轩也，罪通于天，今死矣。然大人有八孙，一二长者弁矣，可无念轩也。"又曰："有终穷者，年也；无终穷者，学也。轩也愿返而更进，亦愿大人之学与年而俱进也。"师恻然曰："请因吾子之言而勉之。"无何，辂疾亦亟，师抚之。辂曰："死生存亡，命也夫！大人幸自宽，若儿辈之于来去，翛然也。"

杨少宰《冬日记》云："子适粤，二子轩、辂卒于端州。视其含殓，周其棺具，遣之归。门人曰：'子不为嬴博之礼乎？'师曰：'安知吴季子非力不能，而不得已也？我则赖诸大夫之力也。'遂东适闽，数月而后返。"

师返自闽、粤，门人多疑之，谓其不笃于父子之爱也。黎允儒曰："子惟笃于爱，是以不偕返也。古者，父母之丧，六十不毁，七十衰麻在身而已，教民无以死伤生。而夫子年几七十矣，偕返则哀伤。以为不达于道，不可训也。且子夏与季札孰贤？"于是疑者顿释。

庚辰，修本郡之太平桥。

辛巳，邹给谏元标举荐理学名臣。其荐师语云："惟道是学，而得失不入于心；逢人必诲，而贤愚不分其类。"郡守敬庵许公笑曰："邹黄门可谓善形容近溪者矣。"

癸未，大修从姑山房，以居四方从游之士，来游者日益众故也。是岁，宜庵杨给谏奏师云南边功，语见前。且曰："粹养素誉于乡评，雅望流芳于宦辙。迩理学之公，举者可睹已。"

甲申，师七十，远近学者毕来称贺。多有挈家就学者，师建洞天楼房居之，大会月余。秋，从永丰入吉安，访塘南王奉常。王试问玄门之学，师曰："岂尝有所闻乎？盍言之？"王漫述艮背之说。师曰："内典谓吾人自咽喉以下，皆为鬼窟。"因极口赞"中庸"二字，曰："平常是道，何事旁求？"是夕，联榻而寝。比四鼓，师问奉常曰："今日何如？"王曰："吾惟直透本心耳。"师诘问本心，王请示。师曰："难言也。譬如蒸饭，必去盖，乃知甑中有饭；去甑，乃知釜中有水；去釜，乃知灶中有火。信难言哉！"王曰："岂无方便可指示处？"师曰："莫如乐。第从乐而入可也。"此日，士人有以专持佛号求往生为学者，王问曰："若此者何如？"师曰："得无全靠彼乎？"王曰："学者摄心方便之门不一，亦均之为有靠也。"师曰："此当有辨。"过安福，访颖泉邹公；至永新，拜山农颜公；适泰和，会庐山胡公。师曰："此行了数十年期约。"会敬斋张公北上，邀师同舟剧谈。张后语人曰："近老说书，真俟百世圣人而不惑，幸善绎之人毋泥旧闻作障也。"是岁，抚院珠泉韩公荐地方人材，其荐师语云："兴味超然物表，志趣迥出尘埃。雅谈性命之宗，日起清修之誉。"

乙酉，师大会同志于江省。

丙戌，雁山季建昌重刻师《会语》各集，藏于府库。是夏，师同楚中柳塘周公自建昌溯江省，从鄱湖至玉山，入浙河，下钱塘，过嘉兴，过姑苏，过无锡。所至与同志及名流无不倾倒。时不佞儒偶薄游三衢，荷师以所刻《会语》六册封赐，且手书惓惓，以道之至者相勖也。季春，师诣留都，约如真李君、澹园焦君辈谈学于永庆寺，随举会于兴善寺，又大会于鸡鸣山之凭虚阁。师会凭虚，讲《中庸》"费隐"章义，其略见前。又有问"人之所以异于禽兽几希"者，师曰："注疏家谓人得其全而为人，物得其偏而为物。此专属形气，而且明白现前，凡有知识，所共闻见，不俟贤哲而始通晓者。第孟子此个'几希'，类之舜之异于深山野人，夜气之好恶与人相近，皆是指此性体。而所指性体，亦且最是微妙，况存之则入圣贤，去之则同禽兽，安得以眼前粗迹而轻易言之？愚谓此章历论群圣，其意主在忧勤惕励生于觉悟警醒，故敢以此'觉'字为异于禽兽处也。盖天命流行，物与无妄，万有并育于两间，其灵性生生，浑然一体而无二样。然其性虽同一生生，其生虽同一灵妙，皆知不待虑、能不待习，总自造化窟中，顺便布濩，从早至晚，从古至今，流行而了无停机，直达而了无转识者也。惟人在万物之中，其灵明禀得尤多，而圣生吾人之内，其神明尤为独至。故知能虽普地而同然，而觉悟则超群而先得。百姓虽日用不知，比至物类冥顽，犹堪提唤。此则天地间人、物一大限，而君子、小人之存去似更有凭据也。至于尧、舜、汤、武之性反，皆从觉处形容，其大小难易不同焉耳。至其根源，又从《易经》透来，其曰：'数往者顺，知来者逆，是故易，逆数也。'然则圣人'性反'之觉，又不总是大《易》之'逆知'也耶？"

问者曰："忧勤惕励生于警醒觉悟，此人、物之所以大异，君子、庶民所以不同是矣。但圣贤'逆知'之觉，又有大小难易之分，何哉？"师曰："观之论大舜、禹、汤，亦自可见。盖圣贤存此忧惕，原是完全己性，而性所统宗，惟是生化之仁，合宜之义。舜之明物察伦而性无不尽者，原不着些子意思，亦不费些子工夫。止系其'觉'处精通，故其'生'处顺适。因性之仁由之为仁，初不知其为仁，而乃行乎仁；因性之义由之为义，初不知其为义，而乃行乎义。以后圣人，却从'明物察伦'以去全体仁义，大小难易岂不略有差殊？而忧勤惕励虽同，其觉之初起恐未可同日而语也。"

又问："《易》之'逆数'，请一言尽之。"师曰："夫道，一而已矣。道一，则学亦一。岂有圣人尽性只是一觉，而圣人通《易》又不是一觉也哉？盖语道至于大《易》，则天地民物、五伦万善极其具备纯全，了无纤毫欠缺。惟是聪明神圣，方能与之吻合符同。则《易》理可语道之全，而圣心可语《易》之全矣。然究其所以吻合符同，则惟此'觉'字庶足以形容，而学者因之而有入头处也。《易》之为《易》，其充塞寰穹、枢机造化，惟是一神，以灵妙而通显之。在天，则万万成象；在地，则万万成形。凡所成形象万万，皆乘其元化之灵妙通显而为知能。是以周遍活泼，体段若可区分，而真精了无间隔，昭彰谓之帝则，继承谓之己性，而实则浑全，是为《易》理也。此之《易》理，本神明不测，本灵显无边，故物至则知之，知之则几动，几动则吉先。象者，象此以其稍著而言；爻者，效此以其稍隐而言。而实则皆先机之微眇而妙觉之圆融也。故自天行之健象，而即象之以不息之自强；自乾龙之初爻，而即效之以潜藏而勿用。推之而至于诸象诸爻，岂不总是赞圣神妙觉以开先，而启吾人纯心以慎动也哉？至其中每以卜筮为言，盖圣人欲示人几先之为灵，乃以龟筮之出于无心者证之，而其灵乃益显；欲示人以圣觉之为妙，乃以玩占之周于万变者证之，而其妙乃益神。要之，言在卜筮而意在知几，似未可拘方而泥之也。"

又问："圣之神几善《易》是矣，学者欲从觉而入圣，则何如？"师曰："此则大小难易之说，似不可不预讲也。盖《易》之卦虽六十有四，而统之则在《乾》《坤》；《乾》《坤》虽云并列，而先之又在《乾》卦。故学者欲了达全《易》，须是开通觉性；欲开通觉性，须是先明乾道。夫天者，乾之形体；而乾者，天之性情。故乾即是天，而'纯粹以精'，无时而不运也；天即是乾，而'大生''并生'，无处而不包也。无处不包则天体无外，天不外乎我，而我独外乎天哉？无时不运则乾行不已，乾不能已乎我，而我独能已乎乾哉？是则大明乎乾之始，而全经之始无弗明矣；大明乎乾之终，而全经之终无弗明矣。盖阴阳之内外、远近、大小、高下，不过'六位时成'，而天之体尽之矣。阴阳之消长、进退、顺逆、吉凶，不过'六虚周游'，而乾之健尽之矣。譬之规一设，而天下无余圆；矩一立，而天下无余方。然则《乾》卦之位定行周，而卦外复有余卦、爻外复有余爻也哉？其视舜之由行仁义、明物察伦，沛然决江河而之四海，其于群圣之大小难易，岂不昭然若指掌哉？敬因'几希'之论而并及焉。"

留都之会届一月，殆无虚日。黎允儒集有《会语续录》，大司成瀌阳赵公刻之，贮于国学中。

师自留都大会芜湖，大会泾县，大会宁国，缙绅士民一时云集。又从祁门过饶州，晤史惺堂诸公。

丁亥，复所杨太史就学姑山，遂同盱之名彦为师建讲堂于凤凰山之麓，扁曰"明德堂"。是秋，赴建阳崔令之请。师过新城，潜谷邓君元锡谒师曰："锡自垂髫从师游，盖亦有年，学问宗旨未免无疑。及读《会语全集》，方知明兴论道，无如师之精实而明莹者矣。"崔，宁国人，师门生也。

师过泰宁，士友毕集。会中言有一年高士夫疾垂危而咸为感伤者。师曰："诸君不必过伤。死生昼夜，常事耳。"在坐改容问曰："死生昼夜，古实有此语。然夜可以复昼，而死则岂能复生？"师曰："诸君知天之昼夜，果孰为之哉？盖以天有太阳，周匝不已而成之者也。心在人身，亦号太阳，其昭朗活泼，亦何能以自已耶？所以死死生生，亦如环如轮，往来不息也。"有一年高者抚掌笑曰："不佞平生常以此系念，从今闻此，稍稍放心矣。"

至建阳，大会数日，有《建阳会语》。守道见我袁公建近溪先生行馆。

戊子夏，师静养姑山。命诸孙勿往留都应试。

六月，从姑山崩一角，风拔大木百余株。

八月，师微疾。命门弟子来宿，日夕谈学不倦，且贻同志书曰："不肖谢世，万罪，万罪。《会语》幸毋忘平生也。性命一理，更无疑矣。惟诸君珍重，珍重！"

八月二十八日，盱川许公洛、厚山丘公淅问疾。师曰："我于尘事，不着一毫，此心廓然矣。"

南城四尹鲁文问疾。请曰："老师疾，宜用玄门工夫。"师曰："玄门养生，寿仅千百。若此学得力，则自是而千万年，千万年犹一息耳。"诸孙复恳如鲁请，师曰："汝辈与诸友著紧此学，便是延我命于无穷。不尔，年历数百奚益哉？"

二十九日辰初，师冠服礼谢天地祖考毕，端坐中堂，弟子环侍请教言。师曰："徒言不是道。满前洋溢，便是发育万物，峻极于天。"徐曰："人生天地间，须要有顶天立地志气，不可一毫落寞。"又曰："此学玄微，不是说了就罢，须是发一个不惜身命心，无一毫为世事念，时日不放，后来方有成就。"

师谓诸生曰："汝辈为学，切忌帮补凑合。大抵圣贤立教，言虽殊而旨则一，傥得一路以进，即可入道，若落补凑便成葛藤，终无成日。"

孙怀智问："本体如何透彻？"师曰："难矣哉！盖聪明颖悟、闻见测识皆本体之障，世儒以障为悟者多矣。若欲到透彻景界，必须一切剥落净尽、不挂丝毫始得。甚矣，透彻之难也。勉之，勉之！"

师谓怀智曰："此学惟患性命之脉络不真。性命脉络不真，则天人之机缄不达；天人机缄不达，则精神之积累不恒；精神积累不恒，则生化之妙用又岂容袭取而强致之哉？予每对学人，直以是告，而信者绝无一二也。"

或问"修身为本"。师曰："'仁者人也。''人'浑然只是一个'仁'，便是修身为本。"有顷，召诸门人及诸孙，手授《会语》八卷，且楷书《中庸》"大哉洋洋"之章，再三叮咛以别。诸孙问考终有何语，师曰："诸事俱宜就实，盂圆则水圆，盂方则水方。"孙怀智问师去后有何神通，师曰："神通变化，此异端也，我只平平。"

中午，益府左长史万君言策问疾。师命具纸笔，手书曰："此道炳然宇宙，不待言说，古今自直达也。后来见之不到，往往执诸言诠。善求者一切放下，放下，胸目中更有何物可有耶？愿同志共无惑焉！无惑焉！盱江七十四翁罗某顿首书。"书竟，授万已，拱立举手目送出。万出，则拜师于前堂，师犹遣人致逊谢语云。时海虞袁都督世忠为建昌总，目击其事。万出，遇袁，语云："先生当弥留之际，志意坚定，言动不失故常，字势遒劲，行列端整。且计日反真，如归故宅。'一切放下'宗旨，近于忘言也已。"

九月初一日，师自梳洗，端坐堂中，命诸孙次第进酒，各各微饮，仍对众称谢。随拱手别诸门人曰："我行矣。珍重，珍重！"诸门人哭留，师愉色许曰："为诸君且再盘桓一日。"初二午刻，整冠更衣而逝。从午至申，坐不少偏。越日乃敛，颜色红活，手足绵软如生。

敛之日，门人云集，相向而哭。闻者不问远迩，即愚夫愚妇，莫不设位举哀。盱城内外，为之罢市。七日之内，悲号叹息，所不忍闻。

门人杨起元、董裕、詹事讲、萧彦、邓炼辈数百人，私谥之曰"明德先生"，就凤凰山之麓明德堂中立师祠，春秋祭享。迄今，祠中月联友为会，每会诵《近溪子全集》数条共相劝勉云。

塘南王太常及师从弟汝贞、孙怀智所作师《传记》中有云："先生当太湖离任，邑吏以公费余金请受为路费，竟斥置官库而行。后署晋安道篆所，亲私阅案牍，其官迁转不常，卷经数十年未刷，一刷可得金数百余。间请于师，师诵唐人诗'此乡多宝玉，慎勿厌清贫'句不置口，遂不敢复请，先生之介如此。至鬻产贷金以急师友之难，倾囊倒囷以应饥乏之求，即人以礼馈，随手散施，淡然其忘情也。先生之薄利，殆罕其俦，而昧者以有欲之心藉口于先生之脱略蹊径，遂荡然溃防败节，以僭附于狂简者，不亦远哉？"

又云："先生于释典玄宗无不探讨，缁流羽客延纳弗拒，人所共知，而不知其取长弃短，确有定裁。门人中有阅《禅宗正脉》者，诸孙中有阅

《中峰广录》者，先生见之，辄曰：'尔曹慎勿观此！禅家之书，最令人躲闪，一入其中，如落陷阱，更能转头出来、复归大道者百无一二。戒之，戒之！且潜心于《大学》孝弟慈之旨可矣。'"

门人万司理煜《状》曰："我师之学直接孔氏，以求仁为宗，以天地万物为体，以孝弟慈为实功，以古先圣神为矩则。故其躬行实践，无论居家居官，如是而学，如是而教，勤勤恳恳，惟欲联属斯世以归仁。所至必起讲会，每讲必有语录。一句一字，吃紧指点，良知显现目前。通人己，塞天地，贯古今，无间无息。开示学者从入之路，未有若是其简易而精实者。吾侪能自信而自得之，则知性知天，立地可以跻圣也已。"

门人詹柱史事讲云："吾师仕，则以其学敷之政；不仕，则以其政敷之教。历七十四年，无日不在斯道，任重道远，若此，孰非本道之大原而措之躬行者哉？"又云："师尝语人曰：'鸢飞鱼跃，无非天机；声笑歌舞，无非道妙；发育峻极，眼前都是。'其超然洒然，见之襟怀；雍然穆然，见之家庭；油然熙然，见之处人接物。"又云："讲每见师居常，无日不亲师友，无念不通人心。自治学之初，以至令终之日，孳孳矻矻，惟成就后学是急。盖师之心，仁心也；师之心，仁体也。仁者以天地万物为一体，师其有之矣。"

潋阳赵阁学志皋云："予素心理学，龙溪王公谓予曰：'江右近溪罗先生，雅好学，大建旗鼓，为四方来学倡，户履常满，束装就业，无间远迩。'又云：'先生之学，大都指点人心，以日用现前为真机，以孝弟慈为实用，以敬畏天命为实功。一念不厌不倦，为朝夕家常茶饭，人人可食，何智何愚，破觚为圆，言言中的。彻天彻地，高之不得率履，不越庸常；卑之不得易简，通乎天载。浑玄浑释，忘俗忘儒。心涵天地之虚，量沛江河之决，学之得其大者也。尼父笺笺一脉，千百年来，阒而不通者，真至先生而衍其派矣。'"

龙溪王先生曰："罗近溪，今之程伯子也，接人浑是一团和气。"

阳和张学士曰："罗近溪之心胸，风光月霁；罗近溪之气宇，海阔天空；罗近溪之辞语，金声玉振；罗近溪之威仪，凤文麟趾。予私愿为之执鞭也。"

心谷陈冢宰有年曰："世之谈名理者，往往先要眇后伦物，乃《近溪会语》，言言孝弟慈不置也。不佞陋，然而于夙心若有契焉者。兹且益自信，归而求之，毋敢陨越云。"

塘南王奉常时槐曰："先生脱略蹊径，浑无朕迹，人所共知，而不知其中贞白无瑕，一切外物嗜好都绝。芥视千金，矏然不涴，举以与人，若拂轻尘。寔出性成，非由强作。"又曰："读近老诸刻，具占此老真悟，一洗世儒种种安排造作之弊。"

云阳谭中丞希思曰："公即境即言，发其浑沦活泼之机，启以并生同生之天。有苦思虑起灭者，则以心体未透觉之；有以中常炯炯为得力者，则以赤子原未带来正之；有以持心不放为工夫者，则以意念端倪闻见想像之错认者提醒之。随问随答，惟是性灵朗耀、洞彻空澄而迥无隔碍，自然圆妙讯疾。一粒而九有尽含，一息而万年莫竟，总括之以觉字。觉，灵知也。言人心之灵动于感应，其是非得失，纤微罔不自知；循其知而致焉，是圣贤之关钥也。"

嘉定张建昌恒曰："参政罗某，生而有作圣之思，夙已契性天之旨。自阳明王子倡良知之学，本宦私淑其传，益加阐发，揭孝弟为良知之本体，指敬畏为致知之工夫，谓信得过即圣贤实修，当得起即尧舜事业。于是人人皆直见本来面目，在在可保养赤子真心。盖接孔氏之传，翼颜曾思孟之统，而大有功于来学者也。若其襟怀光霁，鱼跃鸢飞；度量汪洋，天空海阔。虽百家有一善，拜受不遗；虽愚夫生一问，晓告必尽。所著《近溪全集》等书，宗旨统一，血脉贯通，允矣印正六经，实非支离章句。至于扬历中外，无论职任浅深，因事烛照，为民造福；疾革之时，细书别言，心地足占宁澈；身没之后，家徒壁立，子孙不免饥寒。窃以本宦非止乡国之善士，所当题请从祀孔庙，得附先儒之列，与薛瑄、王守仁同芳，庶乎道统昭明而人心激劝矣。"

建昌简教授似参曰："概其生平，学诣玄深，道臻广大。卓矣往圣之正脉，昭然后学之芳规。允曰真儒，宜当从祀孔庙者也。"

南皋邹吏部元标曰："先生目与人同，不见人过则与人异；口与人同，乐道人善则与人异；心与人同，而以众人之心为心；身与人同，而以众人之身为身。有官也，而以百姓之肥瘠为营，勿恤乎家矣；有学也，而以众人之立达为先，勿执乎己矣。

其尚友也，时释时玄，不废参究，一轨于大道；其论著也，为训为典，极其阐扬，一根于真性。谓先生有见乎？则与愚夫妇同体。未尝有见也？上焉者，得先生眉睫间；下焉者，亦忻忻化育中，以养以造。先生非吾党之元气乎？夫元气周流，布濩天壤间，不可得而见。惟观造物生者生，化者化，飞者飞，潜者潜，动植者动植，始知元气之功大；吾党自成者成，自道者道，得言者忘言，得意者忘意，得象者忘象，不事雕凿，浑然天成，始知先生之功大。予不得而窥先生之学矣。"

福建周抚院寀曰："先生之学得其大，故以天下国家为范围；见其真，故以天则流行为作用。目前觌体，故不落言诠；时时契合，故不烦防检。无拣择，故不为世局格套所束；无黏滞，故不为物情好恶所染。立言近易，而旨味玄深；受用自在，而锻炼艰苦。人知先生之乐，而不知先生之忧；人见先生之不立异，而不知先生之翛然有以特异也。"

天台耿师奠罗师文有曰："予惟斯道，原本于天，率迪厥性，古今同然。天道本易，易则易知，人多忽易，而惊险奇；天道本简，简则易从，人顾厌简，烦缛是崇。惟公知德，学宗易简。敷衷而语，语不为选；信心而行，行忘押检。不思不虑，直跻圣域；致中致和，直基位育。孔氏血脉，惟是求仁；孔氏路径，惟是同人。亲亲长长，天下斯平；惟学惟诲，集圣大成。志绍孔业，谁可与论？惟公智及，世鲜其伦。"

《冬日记》云："先师平生将有所适，则同志预戒以待。及其至也，辄数十人在，同寝食矣；次日多至百人，少亦不下五六十人；再过一二日，则二三百人。此其常也。其去也，相信者依依不忍别，常送至二三百里而后返。"

又云："诸友坐定，先师至，常叹曰：'都是圣人。'盖欲以发商量之端，亦其恭之至也。二子长轩、次辂，气志高明，不为尘凡羁锁，参学远游，时人多不满而先师独喜，竟成就其所学，先师时引以为弗及也。其视子姓僮仆，皆谓'吾弗如'，故言教鲜。若先师者，可谓身教之至矣。"

复所杨少冢宰起元曰："斯道以闻知者为主，见知者为辅。由孔子而来千有余岁，然后我高皇帝闻而知之。高皇帝之学，直接夫尧舜汤文孔子之统者也。惜其时无见知之臣为之辅，是以六合之内徒仰其成功之巍、文章之焕，而其则天难名之盛尚郁而未宣。其间真儒辈出而莫知其统，是以欲超帷墙之见，驰域外之观，而终有所拘牵，莫之敢也。文武造周至孔子，且六百年矣，其道犹未坠地而在人。而高皇启运至今二百余年，识其大者谁乎？则辅佐非望、散之流可知也。然观孟子之见知，已后孔子数十余年；则见知我高皇者，何必当其时哉？予之学，盖师盱江近溪罗子；罗子之学，实祖述孔子而宪章高皇。爰自江门洗注疏之陋，姚江揭人心之良，暗合于高皇而未尝推明其所自，则予所谓莫知其统者也。姚江一脉，枝叶扶疏，布散寰宇，而罗子集其成焉。其延接后学，有所阐演，必以高皇《圣谕六言》为称首。夫天地之神灵粹于人，无终无穷，其与日而俱新，与月而俱盛焉，固也！"

又曰："吾师之学至矣！盖孔子求仁之旨，的在《大学》。《大学》一书，是性体与矩式兼至者也。秦汉以来，悠悠千载，其间豪杰之士、聪明超悟者或见性体矣，而未必尽合其矩式；高迈倬行者，或遵矩式矣，而未必能透夫性真。惟吾师之学，发志最早，自髫龀之年，以及壮强衰老，孜孜务学，未尝少倦。参访于四方高贤宿德，惟恐不及。德无常师，善无常主，但闻一言之益，即四拜顿首谢之。会众智以稽古训，契《中庸》以归《大学》，灵透洞彻，生德盎然。而其躬行密实，殆笃恭不显矣。故其随人启发，直指性体，至所真修，刻刻入神，非言所及也。每称高皇，道并羲、黄，而《六谕》乃天言帝训。居官居乡，极力敷衍。盖畏天命，畏大人，学不厌，教不倦。平常而通性命，易简而该神化。自孔子以来，未有吾师者也。"

又曰："人一也，而有大人；学一也，而有大学；圣一也，而有大圣；心一也，而有大心。起不敏，何足以知吾师哉？宇宙之内，必有大人焉，具大心、学大学、作大圣者，于吾师之言旦暮遇也。"

盱坛直诠跋

万历丙午初，不佞儒过了凡丈于吾苏之开元僧舍，相与扬榷斯学。盖溢志而尽其事已，袁丈曰："迩来理学先生立言于世，没而不朽者，莫过于盱江近溪罗先生。先生近宗王文成，远溯程宗正，弘洙泗之风而悬诸日月，恨予相遇之日疏也。犹幸座师岭南复所杨先生为先生门人，予时窃聆其绪言。杨先生今亦弃门生矣，予欲自适而不可，将参验而必之。子亲受业于罗先生且久，其何以道予先路？"不佞爰少述先师诲人大义，重以一二微言，袁丈则竦意而听焉，怦然若有所深解焉。不佞遂出暇日手所编《盱坛直诠》邀为校之，是亦有意存焉。袁丈袖之曰："俟予卒业而更谋之子也。"越三四昕夕，袁丈过予石鼓草堂曰："予反复是编，恍如挹罗先生之音容，而下风其謦欬也者。杨师所谓若泛巨溟而游清都，匪虚也。今予亦无庸校矣，曷不亟梓之以公之人。"不佞诺之，徐与社中文所冯丈、吴西叶丈、省余黄丈、又玄尤丈商之，皆以为然。乃摭其繇跋之，转而授之新都程君仲秩，仲秩盖服膺是编者。

　　万历己酉仲春既望，吴郡门人曹胤儒识。

近溪工夫大意

——《盱坛直诠》读后

一

如何理解近溪先生早年用功的一段"弯路",乃是领会近溪工夫要义的一大关键。

近溪早年因读薛瑄语立志学圣贤,日夜精勤在意念上去除私欲,却引发疾病;后遇颜山农为之解救"心火"、梦中老人为之抒发郁结,方豁然而愈。其间经历的是工夫的作用层面发生了转换,由意念转换到了心体。何以从意念用功,反而引发了心理和身体的疾病?

常人的问题在于,心容易为外物所牵引,向外追求,孟子谓之"放心",即心被放逐,丢失了。

其生命状态表现为意念纷扰，内心空虚，惶惶不安。这是人的一种"物化"——向外追求，与物捆绑。就是现在所说的"空心病"。

为了摆脱这种常人状态，有人转而向内用功，其用功的方法却是压制意念，意图不让恶念或杂念出现，或者"掐灭"念头。然而"压制""掐灭"本身也是在意念层面，其本质是以一个念头强制另一个念头，或如以火灭火，愈灭愈燃，或如以物压盖，热力内积，结果就造成颜山农所谓"心火"。而此心火与常人不同，不是外物的牵引力造成，而是内在的意念压迫所致，其表现为内心郁结不灵动，严重的会导致举动僵化，行为失常，乃至身体病变。这也是人的一种"物化"——以大脑意识压制或代替心灵作用，心灵僵化变成顽然一物，失其活泼流动之性和自然感通妙用。这在现代心理疾病中亦属常见，只不过近溪是因为用功不得法而致病。

心病还得心药治，近溪对父亲说："儿病由内，非由外也，惟得方寸快畅，于道不逆，则不药可愈。"近溪心病得除的第一步，是其父授之《传习录》，近溪大喜，日夜钻研，但仅得少舒，其原因在于对阳明"致良知"工夫，可以有两个层面的理解和运用，其一就是在意念上克制，其二则是在心体上照察①。颜山农即是从后一层面上破斥近溪：你的工夫"是制欲，非体仁也！"可谓一语惊醒梦中人，"古今天下，道有真脉，学有真传"，仅靠自学很难得法，须经过来人指点真路头才行。（在此意义上，颜山农是近溪第一个真正的老师，由此可以明白，何以近溪境界早已超过颜山农，仍终身恭谨执弟子礼。）后来近溪剧病恍惚之中，见一老者对他说："人之心体出自天常，随物感通，原无定执。君以夙生操持强力太甚，一念耿光，遂成结习。不悟天体渐失，岂惟心病，而身亦随之。""近溪惊起叩首，流汗如雨，从此执念渐消，血脉循轨。"（《明儒学案》卷三十四）心体的自然作用，

① 前者如"发动处有不善，就将这不善的念克倒了"（《传习录》上），后者如"虽私欲之萌，真是洪炉点雪"（《王阳明全集》卷四《与黄宗贤》），"这里一觉，都自消融"（《传习录》中、下），而阳明先生自己前后期的侧重也有不同，其殁后更是成为阳明后学分歧的根本原因。参阅拙文《"致"良知与"信"良知——良知教的实修方法及其难点》（载倪梁康、张任之编：《现象学视域中的东西方心性思想研究》，商务印书馆2022年版），笔者亦将在本丛书《传习录》导读中详细解析。

比如饭来张口，举手搔痒，原不必经过大脑的思虑安排（显意识）。近溪长期以意念把持，其后果是完全以意念指挥行动，反而妨碍了心体的自然发用，即"一念耿光，遂成结习"，外在表现就是呆呆傻傻不灵光，行动僵化像个机械人。

如果说颜山农是在思路上叫醒了近溪，经过梦中老人的点化，近溪则在心境上有所体悟，从而执念渐消，真正找到了自己的工夫路径。

二

在此基础上，再来看近溪的工夫特质。

近溪云：

> 学问原有两路：以用功为先者，意念有个存主，言动有个执持，不惟己可自考，亦且众共见闻；若性地为先，则言动即是现在，且须更加平淡，意念亦尚安闲，尤忌有所做作，岂独人难测其深浅，即己亦无从验其长益。纵是有志之士，亦不免舍此而趋彼矣。然明眼见之，则真假易辨也。

此处虽说有两路，但一假一真，后者方是学问真脉络。在意念上用功为假，近溪乃以亲身体验辨之，不仅不能达道，反而有害身心，故其答"何以致良知"，曰："无思无虑者良知之体，傥以有思虑致之，犹方底而圆盖，必不合矣。"

正如阳明先生说身经折肱，乃成良医（见《传习录中·与陆原静》），近溪深受意念把持之苦，所以其教学的最大特色，即从人的自然作用处指示不思不虑之良知，如常用的"童子捧茶"话头。

问："吾侪日来请教，或言'观心'，或言'行己'，或言'博学'，或言'主静'，先生皆未见许，然则谁人方可以言道耶？"曰："此捧茶童子却是道也。"众皆默然。有顷，一友率尔言曰："终不然此小童子也能戒谨恐惧耶？"子不暇答，但徐徐云："茶房到此，有几层厅事？"众曰："有三两层。"子叹曰："好造化！过许多门限阶级，幸未失足打破了瓯子。"其友方略省悟，曰："小童于此，果也似解戒惧，但奈何他日用不知。"子又难之曰："他若是不知，如何会捧茶？又会戒惧？"其友语塞。子徐为之解曰："汝辈只晓得说知，而不晓得知有两样。故童子日用捧茶是一个知，此则不虑而知，其知属之天也；觉得是知能捧茶又是一个知，此则以虑而知，而其知属之人也。天之知只是顺而出之，所谓顺则成人成物也；人之知却是反而求之，所谓逆则成圣成神也。故曰：'以先知觉后知，以先觉觉后觉。'人能以觉悟之窍而妙合不虑之良，使浑然为一而纯然无间，方是睿以通微，又曰神明不测也。噫！亦难矣哉，亦罕矣哉！"

这里有两层意思，第一层是说本体，以捧茶童子说明人人皆有"不虑而知"的良知。第二层是说工夫，即以后天的觉悟"妙合"先天的良知，对所有发自天机的行动、思虑都有觉知，但是，此觉知本身也是来自本体（本心的觉照），即良知之反照自身，所以谓之"妙合"，而非大脑意识的"造作"（思虑层面的审察）。其间疑难之处在于，"觉得是知能捧茶又是一个知，此则以虑而知，而其知属之人也"，所说的"以虑而知"之"虑"，却不是前引"无思无虑者良知之体，傥以有思虑致之，犹方底而圆盖，必不合矣"的"思虑"。一般所说的思虑是大脑的运作，佛家称为"比量"，此处说的"以虑而知"却是"现量"①，即本心的直观反照，"人之知却是反而求之，所谓逆则成圣成神也"。现量的觉照，了了明明，却并非意识的思虑，已经超出了大脑的运作，而是心体的直接作用，此是工夫所生，需体悟才能得，比如永嘉禅师初见六祖慧能所说"分别亦非意"（《六祖坛经·机缘品》）。但也可从日常体验指示入手门径：

　　子曰："此个工夫，亦是现在，且从粗浅处指与君看。"子乃遍呼在坐曰："汝等此时去家各远，试反观其门户、人物、器用，各炯然在心否？"众曰："炯然在心。"良久，忽报有客将临，子复遍呼在坐曰："汝等此时皆觉得

① 现量：现实量知也。向色等诸法，现实量知其自相，毫无分别推求之念者。五识之缘五境，与意识之与五识共缘五境者（五同缘意识），与五识同时起者（五俱意识），又在定中之意识与第八识之缘诸境，均为现量。比量：比者比类也，以分别之心，比类已知之事，量知未知之事也。如见烟比知于彼有火是也。八识中唯意识之用也。（据丁福保：《佛学大辞典》）

有客来否?"众曰:"皆觉得。"子曰:"亦待
反观否?"众曰:"未尝反观,却自觉得。"子
乃回顾初问者曰:"此两个'炯然',各有不
同。其不待反观者,乃本体自生,所谓知也;
其待反观者,乃工夫所生,所谓觉也。今须以
两个合成一个,便是'以先知觉后知',而知
乃常知矣;便是'以先觉觉后觉',而觉乃常
觉矣。常知、常觉是为圣人,而天下万世皆在
其炯然中矣。"

反观,从常人的角度可以是大脑的想象,也可以是
直下的观照,观照与想象的区别在于,观照是当下
看到象,此象直接呈现出来,是现量;想象是大脑
的运作,将象组合加工出来,是比量。近溪此处令
各人反观家里的景象,言下引导其人直接调取记忆
画面,不是想象加工出来的,所以说"此个工夫,
亦是现在",可以大致说明问题,但只是近似,与
工夫所得来的真实纯粹的境界尚有差距,所以说
"且从粗浅处指与君看"。其好处是当机指点令学人
直接感受,有个下手处,此是近溪接引来学之
妙用。

再看一则"童子捧茶":

子因一友谓"吾侪今日只合时时照管本心、事事归依本性"者反复订之而未解。时一二童子捧茶方至,子指而叹之曰:"君视此时,与捧茶童子何如?"曰:"信得更无两样。"顷之,子复问曰:"不知君此时何所用功?"曰:"此时觉心中光光晶晶,无有沾滞。"子曰:"君前云'与捧茶童子一般',说得尽是。至曰'心中觉光光晶晶,无有沾滞',说得又自己翻帐也。"此友沉思,久之,遽然起曰:"我看来并未翻帐,先生何为此言?"子曰:"童子现在,请君问他心中有此光景否?若无此光景,则分明与他两样矣。"曰:"此果似两样,不知先生心中工夫,却是何如?"子曰:"我底心,也无个中,也无个外;所用工夫,也不在心中,也不在心外。只说童子献茶来时,随众起而受之;已而从容啜毕,童子来接茶瓯时,又随众而与之。君必以心相求,则此无非是心;以工夫相求,则此无非是工夫;若以圣贤格言相求,则此亦可说'动静不失其时而其道光明也'。"其友乃恍然有省。

这里也有两层意思。第一层是破除"光景"：一友所谓"心中光光晶晶，无有沾滞"乃心中的一个相，并非心体自然作用，"凡所有相，皆是虚妄"（《金刚经》），皆不持久，不可执著留恋。第二层则是修学的境界，即前段所说工夫"妙合"天机的效果：即本体即工夫，用工夫而不著工夫之相；即工夫即境界，看似与常人无异，起坐喝茶递碗，均是心体的自然发用，所谓"平常心是道"，又与常人不同——常人随时可能有妄念思虑，即阳明所说"今人于吃饭时，虽然一事在前，其心常役役不宁，只缘此心忙惯了，所以收摄不住"（《传习录》下），即禅家所谓"吃饭时不肯吃饭，百种须索；睡觉时不肯睡觉，千般计较"。

三

按近溪的工夫路数，怎样着手用功，其间阶次如何，不妨以近溪高足、本书编者曹胤儒自述经历明之。两人初见，近溪即以当下能闻鼓声之闻者，指点"明体"，此明体即良知本体，不虑而知，了了明明，亦是孟子所谓"大体"，识得"明体"即是"先立乎其大"，时时提醒即是日常工夫。须注意，此时时提醒乃是良知反照，不是起个意识去觉察。但初学者往往会忘，忘了如果加意识去觉察，又流于"助长"，所以宋儒说个"敬"字，而明儒特别提倡讲学。讲学时，讲者、听者都自然警醒庄敬而又不起意识，近溪往往以学者当下听讲之心指点不思不虑的良知，同时讲学又有互相提醒、精进不惰之义，因此近溪之特别看重讲学，主要是从日常工夫的角度："只是讲学，只是聚朋友便了。予今觐回，不见子家座上常有二三十客，便是子学不长进矣。"

一年后再见，近溪勘验曹氏工夫：

师征儒新功。儒对曰："觉道不费些子气力处，大有受用。"师曰："不费些子气力极是。但孔子发愤处，如何说？"儒对曰："孔子发愤，为讨此受用，故继之曰'乐以忘忧'。"师曰："然。吾人学问，如舟车然，车轮之发，舟帆之上，必费些力。比至中途，轮激帆扬，

何须致力?"居顷之,问曰:"此时心地如
何?"儒对曰:"觉无物。"师又曰:"此便
是。"顷又曰:"当得帐否?"儒对曰:"恐当
不得帐。"师曰:"然。这是光景,会散。"又
扣数语,师首肯曰:"如子所说,都是学问脉
路,想是明白,无劳多谈。只是人行我行,人
歇我不歇,如是做去,五六年便熟了,便是圣
人路上人了。"

这段对话值得逐句玩味。近溪首先肯定了"不费些
子气力处",即前面说的不在意念层面用功。进一
步勘验当下:"此时心地如何?"对曰:"觉无物。"
无物即是无思无虑,意念不动。又得到近溪肯定。
再问:"当得帐否?"对曰:"恐当不得帐。"师曰:
"然。这是光景,会散。"会消散的都是一时的光
景,不可追求、留恋。光景也就是"相"。觉心中
"无物",即是空荡荡的相;其他如近溪常指出的
"心中炯炯""澄澄湛湛",则是光明、澄净的相。
心体无相,有相即是光景,光景即不能当真,不能
玩弄,"当不得帐",所以近溪又首肯。如此数番问
答,近溪方确定曹氏已经得到"学问脉路",这样

做去工夫自然就熟了。

上面是说工夫的路径和效果，下面一段则具体说明了不思不虑的工夫如何用：

> 相携山游，高下跻陟顷，师遽问曰："赤子不虑而知之知，与圣人不思而得之知，吾子今何似？"儒对曰："只此应师之知便是。"又问曰："有思虑否？"对曰："无。"又曰："能终无思虑否？"对曰："往者不追，来者不逆。"又曰："当下何如？"曰："平平地。"又曰："忽不平平地，如何？"曰："平平地。"

既然不用思虑，那么明体如何提醒，如何照管呢？随处体认："只此应师之知便是。"这个听到老师的话当下明白，随即回答的"知"，并未经过思虑，而是心体当下的明觉：在现量中听，在现量中答。同时，这个知道"只此应师之知便是"的"知"，仍然是心体的明觉，是良知的反身自照，仍然是现量，而非比量（思虑）。其要点则是"往者不追，来者不逆"，始终在当下。

"忽不平平地，如何？"曰："平平地。"此句是说：私欲妄念忽然出现了，怎么办呢？——保持在现量，则随时都在明觉之中，妄念来了自然就知道（明觉到"心中忽然起了波澜"），知道了，妄念当下就消除了（当下平复），此时仍然不用思虑。这个不思虑的工夫称为"觉照"：

> 曰："憧憧为扰，而频觉照也。"曰："何以处之？"对曰："觉了亦自融得。"

觉照始终都在，因为妄念频频来（"憧憧为扰"），也就频频知道（"频觉照"），知道了自然妄念消融，而不需另起思虑。所以孟子说"勿忘勿助"，禅家说莫要"平地起土堆"。

> 师叹曰："……夫一切世界，皆我自生，岂得又谓有他？若见有他即有对，有对即有执，对执既滞，则愈攻而愈乱矣。能觉一切是我，即立地出头，自他既无，执滞俱化，是谓自目不瞪、空原无花也。"儒大有省，因下榻拜谢。

借佛经说法，所谓现实，亦如梦境一般，一切物都是我心变现的，一切人也是我心幻化的，全都是我，并无其他。此为悟境，乃工夫抵达处。在此悟境上说，各人自有浅深，儒禅并无二致。

以上大体梳理了曹氏工夫历程，此外尚有一节。曹氏是从识心体（明体）起步，某种意义上是悟后起修。如果认不出心体怎么办？则仍有悟前工夫：

> 学问须要平易近情，不可着手太重，如粗茶淡饭，随时遣日，心既不劳，事亦可了，久久成熟，自然有悟。

"不可着手太重"即不在意念上克制；"心既不劳"即心体不滞累，不影响心体的自然发用；"事亦可了"，只在事情上用功即可（不在意念层面操持）①。其实阳明的致良知也有这层含义，未悟良

① 近溪在民间立乡约时，只讲孝悌慈，在行为上践履，不在心念上深究，这比较合乎普通人的资质，而避免产生把持意念的弊端：这也是近溪宣讲朱元璋《圣谕六言》在工夫上的意义。

知本体者良知亦有光，依据良知之光所照知的善恶，善的便实地去做，不善的便不做，在行动意义上"致"（落实）良知，而不纠缠在意念上体察、克制。在意念上克制的弊病，近溪已亲身试法，笔者亦曾深受其害，心有戚戚焉，不敢不发诸书末，读者慎之。

刘海滨

2023 年 8 月 30 日于海上冊画斋

"新编儒林典要"已出书目